Alexia Amvrazi, Diana Farr Louis
und Diane Shugart

111 Orte in Athen, die man gesehen haben muss

Mit Fotografien von Yannis Varouhakis

111

emons:

Bibliografische Information der Deutschen Nationalbibliothek
Die Deutsche Nationalbibliothek verzeichnet diese Publikation in der Deutschen Nationalbibliografie; detaillierte bibliografische Daten sind im Internet über http://dnb.d-nb.de abrufbar.

Deutsche Übersetzung: Monika Elisa Schurr
Layout: Eva Kraskes, nach einem Konzept von Lübbeke | Naumann | Thoben
Kartografie: altancicek.design, www.altancicek.de
Kartenbasisinformationen aus Openstreetmap,
© OpenStreetMap-Mitwirkende, ODbL
Druck und Bindung: Lensing Druck GmbH & Co. KG,
Feldbachacker 16, 44149 Dortmund
Printed in Germany 2019
ISBN 978-3-7408-0560-9
Originalausgabe

Vorwort

Erstbesucher staunen oft, wie modern die griechische Metropole ist. Zeitlose Bauten wie die Akropolis scheinen über einem Chaos von kurzlebigen Erscheinungen zu schweben. Zwischen der glorreichen Vergangenheit und der sich stets wandelnden Gegenwart liegen tiefe Schichten des klassischen, römischen, byzantinischen und osmanischen Erbes, gefolgt von der jüngeren Geschichte, die Kriege, Besatzungen, Diktaturen und erneuerte Demokratie umfasst.

Am unmittelbarsten geht die Stadt unter die Haut, wenn man ohne Idealisierungen oder Vorurteile an sie herangeht und sie offenen Herzens erlebt. Obwohl sie ein sich ständig ausdehnender Ballungsraum ist, sind die interessantesten Viertel leicht erreichbar und voller oszillierender Kontraste. Die nicht enden wollende Krise hat einige Gegenden hart getroffen, aber auch ungeahnter Kreativität zur Blüte verholfen und höhere Servicestandards zur Folge gehabt.

Die Orte, an die wir hier führen, rangieren vom Antiken bis zum Ultramodernen und spiegeln eine Stadt mit der proteischen Fähigkeit, zu überraschen und zu inspirieren, voll ansteckender Spontaneität und befreiender Energie.

Wir möchten Sie mit Menschen und Orten vertraut machen, die die Schichten dieser komplexen Stadt zum Sprechen bringen. Athen langweilt nie, kommt oft schräg und ironisch daher, kann auch dunkel und verstörend sein, bleibt dabei jedoch immer faszinierend.

Wie viele Einwohner von Athen kamen wir auf unterschiedlichen Pfaden hierher, was wir jedoch teilen, ist eine tiefe, unerschütterliche Liebe zu dieser Stadt. Bei der Recherche bestand unser größtes Vergnügen darin, selbst den belebtesten Touristenhotspots immer neue, noch kaum bekannte Facetten abzugewinnen. Mit Abenteuergeist, Humor, Respekt und trotz des Dilemmas, uns auf 111 statt 1.111 Orte beschränken zu müssen, haben wir unsere Expeditionen ins verborgene Athen genossen und hoffen, dass es Ihnen genauso gehen wird.

Alexia Amvrazi, Diana Farr Louis und Diane Shugart

111 Orte

1 1900 The Barber Shop

Stylen in der Dekompressionskammer

Spaziert man durch die Seitenstraßen von Monastiraki oder Psyrri, könnten einem unscheinbare Herrenfriseursalons auffallen, die wie aus den 1950ern wirken, während in trendigeren Gegenden wie Koukaki oder Kolonaki Barbiere mit Vintage-Touch und tätowierte Scherenkünstler aufwarten. Dieser Barber Shop leistet sich einen ganz anderen Auftritt. Entworfen hat ihn ein Grieche mit vornehm altmodischem Geschmack, dessen Familie vier Generationen lang in Kairo gelebt hat. Der in eleganter Umgebung voller Antiquitäten und Kultur sowohl im elterlichen Haus als auch in jenen französischer, britischer und amerikanischer Freunde aufgewachsene Inhaber wurde so mit der Ästhetik vertraut, die er in seinem Laden umsetzte.

Panayiotis Grigoriou arbeitete 20 Jahre lang im Marketingmanagement für größere Firmen; seit den 1990ern jedoch wuchs der Wunsch nach einem eigenen Barbershop. Gehoben sollte das Geschäft ausfallen und Herren das volle Gentleman-Programm bieten – der Großteil der Kundschaft besteht aus Geschäftsleuten, Politikern, Schauspielern und Diplomaten. Sein Herzenswunsch war es, seine Kindheitserinnerungen an die Kairoer Friseure wieder zum Leben zu erwecken. »Mein Vater hat mich dorthin mitgenommen. So erlebte ich Kameraderie, lebhafte Unterhaltungen und das entspannte Gefühl des Sich-Verwöhnen-Lassens.«

Der sich als Quasi-Gentlemen's Club anpreisende Klingenakrobat ist stylish bei moderaten Preisen und bezeichnet sich auch als »Druckentlastungskammer«. Holzböden, Bücher, Tabletts mit Drinks, Lüster, alte Kunst und schräge Details wie eine Lampe aus einer Magnum-Champagnerflasche bilden die Bühne für dieses frauenlose Paradies. Das meiste Dekor stammt aus der Zeit von 1880 bis 1920 und kreiert eine Atmosphäre wie in einer etwas angejahrten Villa. Neben dem Haareschneiden umfasst das Herrenprogramm auch Kairo-inspirierte Gesichtsmassagen, heiße Handtücher und Tiefenrasur, Ohrhaarentfernung, Maniküre und Pediküre sowie Brauenzupfen mittels Fadentechnik.

Adresse Ipsilantou 35 & Ploutarchou, Kolonaki, Athen 10676, Tel. +30/210/7220511 | **ÖPNV** Metro bis Evangelismos (M3) | **Öffnungszeiten** Mo, Mi, Sa 10–15 Uhr, Di, Do, Fr 10.30–20.30 Uhr | **Tipp** Südlich der Metrostation Evangelismos liegt der Grabungsort der Lehrstätte des Aristoteles, wo die Peripatetische Schule begründet wurde.

2 Die Agia Marina

Grottenstill

Auf dem Nymphenhügel nahe dem Athener Nationalobservatorium steht eine cremefarbene Kirche, die Marina von Bithynien geweiht ist, einer jungen Frau, die auch als »Dämonenbezwingerin« bekannt ist.

Der imposante Bau mit gekachelten Kuppeln und Marmorstufen, die in der Sonne glitzern, wurde von 1924 bis 1927 in byzantinischem Stil errichtet. Die Basilika mit vier Schiffen bewahrt die Erinnerung an eine 15-jährige Jungfrau von unglaublicher Schönheit, die unvorstellbare Qualen und Verstümmelungen durch jenen Mann erlitt, der sie als Braut begehrte. Sie hatte ihn wissen lassen, er könne sie niemals haben; der einzige Mann, den sie liebe, sei Jesus. Sie forderte ihn heraus, sie auf jegliche nur denkbare Art zu foltern, um ihre Hingabe zu prüfen. Das ließ er sich nicht zweimal sagen und peinigte sie aufs Grausamste. Sogar einen Dämon sandte er, der sie in ihrer Kerkerzelle verschlingen sollte, doch sie schlug das Biest vernichtend – mit einem Hammer.

Die Kirche ist groß, aber nicht weiter bemerkenswert – ganz im Gegensatz zu ihrer Geschichte. Sie wurde auf dem Fundament eines viel kleineren, postbyzantinischen Gebetshauses errichtet, das derselben Heiligen geweiht war. Der aufwendig gemeißelte Altar und einige Ikonen stammen aus dieser ursprünglichen Kirche.

Die größte Überraschung jedoch ist eine uralte Grotte mit Kuppeldach, durch das Tageslicht fällt. Sie schmiegt sich in die Südostecke der Kirche. Ihre intensive stille, mystische Atmosphäre eignet sich für heilige Zeremonien; die »Höhle« stammt aus vorchristlicher Zeit. Jahrhunderte später fungierte sie als Aquädukt und wird heute für Taufen genutzt. Marina ist nämlich auch die Schutzheilige der Schwangeren und der Kinder.

Archäologische Ausgrabungen während der 1980er legten Mauern aus dem 13., 17., 18. und 19. Jahrhundert frei. Fresken dieser Mauern sind mit anderen religiösen Relikten vergangener Jahrhunderte im Nordteil der Kirche ausgestellt.

Adresse Agias Marinas 1, Thisio, Athen 11851 | **ÖPNV** Metro bis Thisio (M 1) | **Öffnungszeiten** täglich 10–13 Uhr | **Tipp** Zurück in der Gegenwart, lohnt ein Abstecher in die lebhafte Cafékultur des Viertels. Im Café-Restaurant Athinaion Politia kann man wunderbar Leute gucken.

3 Die Agioi Isidoroi

Geheime Rebellen-Route?

Die Agioi Isidoroi, die am Westhang des Lykabettus steht, ist eine von vielen gewöhnlichen Kirchen, wie man sie überall in Athen und ganz Griechenland findet – weder besonders hübsch noch besonders bekannt. Außergewöhnlich ist jedoch ihr Name, der die Pluralform von »Heiliger« enthält, obwohl es nur einen St. Isidoros gibt, dem die Kirche geweiht ist. Bei näherem Hinsehen fällt noch etwas auf: Die Kirche steht nicht nur auf dem grauen Fels, sondern ist auch in ihn hineingebaut.

Das Gotteshaus wurde im 15. oder 16. Jahrhundert von einem Mönch an jener Stelle errichtet, wo ihm »Agios Isidoros« – ein griechischer Kommandeur in der römischen Armee, der für das Christentum den Märtyrertod starb – im Traum erschienen sein soll. Das Innere ist so schlicht und flach wie die geweißte Fassade – bis auf eine goldgerahmte Ikonostase und einzelne Ikonen an den Felswänden. Der wahre Zweck des Gotteshauses mag jedoch ein anderer gewesen sein: Möglicherweise tarnte es einen Tunnel, der den Lykabettus mit der Vorstadt Galatsi verband, Teil einer Fluchtroute, die während der Griechischen Revolution (1821–29) von Rebellen benutzt wurde. Das wäre nicht ungewöhnlich. Viele Kirchen in Griechenland sollen an vergleichbaren Orten zu ähnlichen Zwecken gebaut worden sein. Ob der Durchgang auch während des Zweiten Weltkriegs genutzt wurde, sofern er denn existierte, ist nicht bekannt.

Ein Schild in der Kirche verweist auf die Untergrundpassage (außerdem erklärt sie, die Kirche sei die älteste der Gegend und für ihre vielen Wunder berühmt). Die Existenz eines Tunnels erscheint jedoch nicht weit hergeholt. Durch den mutmaßlichen Eingang hinter einer Glasscheibe könnte sich ein Mensch durchaus hindurchzwängen.

Der Lykabettus ist Teil des Bergzuges Tourkovounia, an dem Galatsi liegt. Obwohl das Häusermeer so angewachsen ist, dass man es sich heute nur noch schwer vorstellen kann, mag die Öffnung im Fels vor Jahrtausenden durch Wasser geformt worden sein, das die Hänge hinunterfloss.

Adresse Sarantapihou 61, Lykabettus, Athen 10210, Tel. +30/210/3633282 | **ÖPNV** Bus 60 oder X54 | **Öffnungszeiten** täglich 8–12 Uhr | **Tipp** Folgen Sie dem Hinweisschild zur Höhle des Agios Aristidis, eines Schülers des Apostels Paulus, der vor den Römern hierherfloh. Wer hineinwill, muss den Küster nach den Schlüsseln fragen.

4 Die Agios Nikolaos Ragavas

Wem die Stunde schlägt

Am 12. Oktober 1944 wurden die Bewohner des Bezirks Plaka von ungewohnten Geräuschen geweckt: dem Geläut der Glocke der Kirche Agios Nikolaos Ragavas. Es war ein erschreckender Klang, denn anders als bei anderen Kirchen des alten Viertels wie auch der ganzen Stadt meldet sich diese Glocke nur zu speziellen Anlässen. Dies war so einer – die Befreiung Athens von den Deutschen.

Das am nordöstlichen Vorberg des Akropolisfelsens gegenüber dem anderen Stadtberg, dem Lykabettus, erbaute Gebäude war die Privatkapelle der Familie Ragavas, eines bedeutenden byzantinischen Clans, zu dem auch Kaiser Michael Rangabe zählte. Dieser ist jedoch inzwischen Vergangenheit, während die Kirche aus dem 11. Jahrhundert heute noch für ihre Glocke berühmt ist. Und zwar nicht jene im frei stehenden Glockenturm mit Kuppel, sondern die, die drinnen sorgfältig bewacht wird.

Während der 400-jährigen osmanischen Herrschaft war das Läuten von Kirchenglocken verboten. Die Türken entfernten oder zerstörten alle Glocken. Erst nach der Wiedererlangung der Unabhängigkeit bekamen die Kirchen ihre Glocken zurück – die Agios Nikolaos war die erste. Vielleicht lag dies an ihren adeligen Erbauern. (Nach einem Bericht soll die Glocke von den Priestern vor der Zerstörung bewahrt worden sein.) 1834, als Athen Hauptstadt des modernen Griechenland wurde und König Otto den Thron bestieg, war dies die einzige Glocke, die von seiner Ankunft kündete.

Die Glocke, ein Geschenk aus Russland, das den Unabhängigkeitskurs Griechenlands unterstützt hatte, wurde in Italien in Auftrag gegeben. Sie ist mit Reliefs geschmückt, die die Kreuzigung Jesu, den Apostel Paulus und die Jungfrau Maria darstellen und laut lateinischer Inschrift »das Werk von Alexander und Bruder« sind.

Heute ertönt die Glocke nur am 25. März, dem Jahrestag der griechischen Unabhängigkeitsrevolte. Einheimische hören ihr Läuten an anderen Tagen ungern; es heißt, das bringe Unglück.

Adresse Prytaneiou 1, Plaka, Athen 10558, Tel. +30/210/3228193 | ÖPNV Metro bis Monastiraki (M 1 und M 3) | Tipp Die Ayios Ioannis Theologos (an der Kreuzung der Straßen Erechtheos und Erotokritou) bewahrt Fresken aus dem 11. bis 13. Jahrhundert. Während der Belagerung der Akropolis 1687 stellte der lateinische Patriarch Thomas Morosini zwei Kanonen hier auf.

5 Die Agios Nikolaos Thon

Schlacht um Athen

Die Kreuzung der Straßen Alexandras und Kifissias ist eine der verkehrsreichsten der Stadt, der Knotenpunkt zwischen dem Zentrum Athens und seinen nördlichen Vororten. Tausende Menschen schwirren hier jeden Tag vorbei, ohne die architektonische Kuriosität nur 20 Meter weiter zu bemerken: eine Kirche aus dem 19. Jahrhundert. Dabei ist an diesem kleinen Gotteshaus mehr bemerkenswert als nur seine runde Form. Von seinem Gemäuer lassen sich bedeutsame Momente in der Geschichte des modernen Griechenlands schichtenweise ablesen.

Wie viele der erhaltenen klassizistischen Schmuckstücke der Stadt wurde das Gebäude vom Architekten Ernst Ziller als Kapelle auf dem Grundstück von Nikolaos Thon entworfen, der sie dezent nach sich selbst benannte und sie mit einem Diamantenkreuz und Eucharistiegefäßen aus reinem Gold bestückte.

Thon war Mitglied des Hofstaats von Georg I., jenem dänischen Prinzen, der den unbeliebten Otto als König ablöste, und war als reicher Geschäftsmann und Landbesitzer an der Organisation der Olympischen Spiele von 1906 beteiligt. Kurz danach starb er. 1921 verkaufte seine Familie sein Anwesen an zwei Bauunternehmer, die verschiedene Abschnitte als Klinik, Schule, Biergarten, Kaserne oder Gefängnis verkauften oder vermieteten. Das Haus und die Kirche jedoch blieben unangetastet, bis Ersteres 1944 während der »Dekemvriana«, der Schlacht um Athen, die als der Beginn des griechischen Bürgerkriegs angesehen wird, bombardiert wurde. Jahrzehnte später fand sich die Kirche im Zentrum einer wüsten Immobilien-Schlacht um das Filetstück wieder. Einheimische versuchten die kleinen Familienbetriebe zu erhalten, verloren sie jedoch an die Baulöwen, die wiederum gezwungen waren, ihre Bürokomplexe um die Kirche herum zu errichten.

Heute ist sie für Restaurierungsarbeiten eingerüstet, man kann jedoch leicht in das einst prächtige Innere mit seinen Fresken und dem aufgeschlagenen Evangelium auf der Kanzel hineinspingsen.

Adresse Ecke Leoforos Kifissias und Leoforos Alexandras, Ampelokipi, Athen 11523 | **ÖPNV** Metro bis Ampelokipi (M 3); Bus 3, 10, 14, 18, 19, 230, 550, A 5 oder A 7 | **Öffnungszeiten** nur von außen zugänglich | **Tipp** Cineasten kommen bei den handgemalten Filmplakaten, die die aktuellen Vorstellungen im Kino Athinaion einen Block weiter südlich anpreisen, voll auf ihre Kosten.

6 Die Agios Sostis

Eine Kirche wird fromm

Um dem Image der auf ewig mit der Antike assoziierten Stadt zu entkommen, beauftragte Griechenland einen französischen Architekten, für den Pavillon der Weltausstellung 1900 in Paris eine byzantinische Kirche zu entwerfen und dabei das revolutionärste aller damaligen Baumaterialien zu verwenden. Während das Bauwerk mit Kuppel und Ziegelfassade die traditionelle Form aufwies, bestand das Tragwerk aus Schmiedeeisen, die Kuppel stützten Pfeiler aus Gusseisen und Bögen mit floralen Motiven. Die Steine waren größer als üblich, lachsrosa glasiert und von türkisfarbenen Keramikstreifen durchzogen. Der Zweck des Gebäudes war jedoch kommerziell, nicht religiös: Die Kirche war eine Bühne für griechische Produkte wie Tabak, Wein, Textilien, Kopien antiker Statuen oder Werke zeitgenössischer griechischer Maler.

Die Weltausstellung war die bis dato größte, sie fiel zeitlich mit den zweiten modernen Olympischen Spielen zusammen und warf dennoch keinen Profit ab. Sie hinterließ einige bemerkenswerte Gebäude – das Grand Palais und das Petit Palais, den Quai d'Orsay (heute Musée d'Orsay) und die vergoldete Brücke Pont Alexandre III –, während man den Eiffelturm zu diesem Anlass gelb anstrich.

Zwei Jahre zuvor hatte es einen Attentatsversuch auf den griechischen König Georg I. gegeben, und als die Ausstellung vorbei war, ließ der Bürgermeister Athens, Spyros Mercouris, die Kirche abbauen, in die Stadt verfrachten und am Ort des Anschlags wieder errichten. 1903 wurde sie dem Heiland geweiht zum Dank dafür, das Leben des Königs gerettet zu haben. Das Glück blieb ihm jedoch nicht hold; 1913 meuchelte man ihn ein halbes Jahr vor seinem Goldenen Thronjubiläum. Er war der längstregierende griechische Monarch und Großvater des Duke of Edinburgh.

Die von hohen Zypressen umgebene Kirche ragt wie ein Juwel aus den gläsernen Bürotürmen und Hotels in der Syngrou Avenue. Auch das Innere ist einen Blick wert, besonders die Schnitzereien, ungewöhnlichen Säulen und feinen Fresken.

Adresse Syngrou 133, Neos Kosmos, Athen 11745, Tel. +30/210/9335460, www.sostis.gr | ÖPNV Bus 040, 106, 126, 136, 550, A 2, B 2 oder Trolley 10 | Öffnungszeiten täglich 7–18 Uhr (Morgenandacht um 7 Uhr, Abendandacht um 17 Uhr) | Tipp Die breite Avenue, die das Meer mit dem Zentrum Athens verbindet, wurde zur selben Zeit gebaut wie die Kirche. Sie wurde nach Andreas Syngros benannt, einem griechischen Bankier und Wohltäter aus Istanbul, der sie neben dem Kanal von Korinth, Krankenhäusern und weiteren guten Werken stiftete.

7 Al Hammam

Sauna, Schaum und kalte Güsse

Wer vom brummenden Touristenpfad in Plaka in die ruhigere Straße Tripodon einbiegt, begegnet einem alten griechischen Haus, das zum Badehaus umgestaltet wurde. Es ist mit grellbunten türkischen Zierkacheln, Wanddesigns, Buntglas und geschnitzten Holzsofas ausgestattet und bietet ein authentisches Hamam-Erlebnis in einer urbanen, modernen und leicht europäisierten Interpretation.

Dies ist der zweite Hamam des Inhabers Nikos Marinakis. Der erste steht in Chania auf Kreta, wo Marinakis sich sowohl durch minoische Badekammern hatte inspirieren lassen, die man in Knossos ausgegraben hatte, als auch durch die jahrhundertealte Hamam-Kultur der türkischen Bevölkerung auf der Insel.

Nachdem man Athens »Badehaus der Winde« aus der Zeit der ersten osmanischen Besatzung (1458–1669) in der Straße Kyrrestou entdeckt hatte, das bis 1956 in Gebrauch war (heute ein Museum), schuf Marinakis nur 100 Meter weiter in einem baufälligen Haus Al Hammam.

Der Brauch, heißes Wasser und Dampf zur Entgiftung einzusetzen, stammt aus der Jungsteinzeit. In Griechenland lassen sich Baderituale bis 2400 vor Christus nachweisen, während Badeanstalten in griechischen Städten ab 600 vor Christus bekannt sind – zwecks Reinigung nach dem Sport. Die Römer setzten bei der Badekultur ganz neue Standards, sie nannten die Bäder, die buchstäblich zu gesellschaftlichen Hotspots wurden, »balnae« von Griechisch »balaneion«. Die Türken übernahmen und modifizierten das Ritual nach dem 7. Jahrhundert.

Die Reinigung von Körper und Seele beginnt mit dem Schwitzen in einem marmornen Dampfbad. Nach einer halben Stunde liegt man auf einem Marmorbett und wird mit schwarzer Olivenölseife eingeschäumt. Es folgt Haarewaschen und ein energisches Schrubben des Körpers. Schließlich sorgt ein Kaltwasserguss für einen kleinen Schock, um den Blutdruck zu erhöhen und die Sinne wieder zu öffnen. Willkommen in der Wirklichkeit.

Adresse 16 Tripodon & Ragava 10, Plaka, Athen 10558, Tel. +30/211/0129099, www.alhammam.gr | ÖPNV Metro bis Monastiraki (M1 und M3) | Öffnungszeiten täglich 11–22 Uhr | Tipp In derselben Straße befindet sich das einzigartige School Life and Education Museum, das auf betont visuelle Weise das Bildungssystem und erzieherische Traditionen seit 1700 bis heute illustriert.

8 Albandakis' Stone Stories

Der Stein ruft

Die einzigen Touristen, die man hier sichtet, sind Weltreisende mit leuchtenden Augen, die vorbeischneien, um sich Glücksbringer auszusuchen. Mitten im Herzen der lärmigen, engen Perikleous-Straße versetzt einen dieser geheimnisvolle Laden in einen sofortigen Schwebezustand: Wohin man schaut, glitzern Kristalle, fremdartig gefärbte Minerale und Fossilien, die alle ihre ganz eigene Energie verströmen.

Das Innere fühlt sich an wie eine Höhle mit vielen Nischen – tief drinnen steht gar das versteinerte Skelett eines 15.000 Jahre alten *Ursus uralensis*. Auf der linken Seite sind natürlich geformte Steine zu sehen, auf der rechten polierte Quarze. Engel, Ovale und sogar Phalli sind neben einer großen Auswahl von Pendeln die Hingucker. Im Zentrum stapeln sich reihenweise Kisten mit Heilkristallen – vom tiefblauen Lapislazuli über den schillernd schwarzen Hämatit bis zu rosa Rosenquarz. Jede Schachtel ist mit dem Namen des Steins und seinen heilenden Eigenschaften beschriftet. Man soll sich an den Steinen vorbeibewegen und in sich hineinspüren, welcher einen anspricht. Die Mitarbeiter helfen gern bei der Entscheidung. Oder man fragt einen der Heiler, die hier einkaufen und die man oft in Potter'scher Hogwarts-Atmosphäre fachsimpeln hört.

Der 1985 eröffnete Laden war die Idee des Geologen Nicholas Albandakis, der auf der Insel Serifos das Prasem entdeckte, eine rare lauchgrüne Variante des Quarzes. Zunächst kamen vor allem Geologen und Juweliere in den Laden.

Als in den frühen 1990ern in Athen das New Age boomte, begann Albandakis auch Heilsteine auszustellen. Bis 2005 wurden diese zu den Verkaufsschlagern. Heute kann man unter Tausenden wählen. CDs, Aura- und Raumsprays, Bücher oder Instrumente wie kristallene Singschüsseln gehören ebenso zum Angebot. Noch immer fühlen sich auch Geologen ganz zu Hause: Spezielle Bohrausrüstung, Werkzeug und Fachliteratur sind neben der Esoterik nach wie vor zu haben.

Adresse Perikleous 44, Athen 10562, Tel. +30/210/3231661 | ÖPNV Metro bis Syntagma (M2 und M3) | Öffnungszeiten Mo–Fr 9–17 Uhr, Sa 10–15 Uhr | Tipp Haben Sie einen Kristall gefunden, der Ihren Appetit angeregt hat? Bei Just Made um die Ecke in Evangelistrias 33 gibt es kreative Spezialitäten für unterwegs.

9 Der Altar der Freiheit

Denkmal für Widerstandskämpfer

Niemand kann sagen, was man in jenem Moment fühlen mag, in dem man dem Tod ins Auge blickt. Dem Denkmal an der Schießanlage im Vorort Kaisariani, das den von den Nazis hingerichteten Widerstandskämpfern gewidmet ist, gelingt es jedoch, das Grauen zu vermitteln. Und die Würde.

Das Denkmal wurde 2005 errichtet: ein »Korridor« aus einem Dutzend schwarzer Granitplatten vor zwei flachen Teichen und einem gestuften Weg, der bei zwei sieben Meter hohen, rechteckigen Säulen an der alten Mauer endet. In die Granitplatten sind die Namen von 739 Menschen eingemeißelt, die hier von den Nazis exekutiert wurden. Dies ist der Altar des Friedens, entworfen von dem Bildhauer Apostolos Fanakidis. Es sind jedoch die alte Zementwand und das Maschinengewehr auf dem Boden, die den Blick auf sich ziehen. Hier fanden am 1. Mai 1944 200 Kämpfer der Griechischen Volksbefreiungsarmee ELAS den Tod. Es handelte sich um eine Vergeltungsaktion für den Tod eines deutschen Generals bei einem Hinterhalt drei Tage zuvor.

Kaisariani, das ursprünglich 1922 von Flüchtlingen des griechisch-türkischen Krieges besiedelt wurde, stellt im vielgesichtigen, wandelbaren Athen eine Konstante dar. Seine Oberfläche hat sich verändert – es gibt Cafés, Kettenfilialen, Bars –, es behielt jedoch seine starke Affinität zur Kommunistischen Partei. Die geht auf den Widerstand und den Bürgerkrieg zurück, der folgte. Die Kämpfe dieser Zeit wurden detailliert in einer Zeitung dargestellt, die 1945 für kurze Zeit erschien. Die einzigen erhaltenen Ausgaben des »Kaisariani« sind in einer Ausstellung neben dem Denkmal zu besichtigen. Die in einem Gebäude von 1910 untergebrachte Sammlung bietet Informationen zur Zeitung und zum Freiheitsaltar: Dokumente, Zeitungsausschnitte, Waffen und Gegenstände wie der Teppich, auf dem Widerstandsführer Aris Velouchiotis schlief.

Ironischerweise ist der Zugang zum Altar wegen wiederholtem Vandalismus versperrt. Die Bediensteten des Museums öffnen das Tor jedoch gern für Besucher.

Adresse Skopeftirio, Athen 16121, Tel. +30/210/7647751 | **ÖPNV** Bus 224 oder 732 | **Öffnungszeiten** Mo, Mi 17–21 Uhr, Di, Fr 9–14 Uhr, Sa 10–13 Uhr | **Tipp** Der Ai Yiannis Park 15 Gehminuten entfernt ist der perfekte Picknickplatz mit Holzschaukeln, einer Dschungel-Turnhalle für Kinder und einem nahe gelegenen Café.

10 Das Apivita Experience

Flagship-Store des Hippokrates

Obwohl die Athener heute gern zu Kosmetika internationaler Marken greifen, ist die Verehrung ganzheitlicher Weisheit in der Tradition der antiken Botaniker Dioskorides und Hippokrates noch immer sehr lebendig. Vielleicht ist dieser Laden, der auf der griechischen Philosophie basiert und seine Produkte in stylishem Ambiente präsentiert, deshalb so erfolgreich.

Der fünfstöckige Flagship-Store ist Einheimischen nicht unbekannt. Was er jedoch jenseits seiner Wohlfühl-Kosmetika zu bieten hat, ist ziemlich überraschend. Wer eintritt, wird von einem gigantischen, realistisch gestalteten Olivenbaum aus Kupfer begrüßt. Er steht für die Weisheit (eines der Symbole der Göttin Athene), die Vielfalt der Natur, das gesellige Leben (in seinem Schatten) und die Heilung – dank des »flüssigen Goldes«, das er produziert.

Die Ursprünge des Apivita Experience Store reichen bis 1979 zurück, als der Apotheker und Imker Nikos Koutsianas den Gesundheitswert von Bienenprodukten zu untersuchen begann und die erste Bienenharz-Seife und später weitere Bienenprodukte herstellte. Sein holistischer Ansatz war für jene Zeit ungewöhnlich, seine Vision erwies sich jedoch als ansteckend.

Das Geschäft in Kolonaki bietet Besuchern ein Erlebnis auf vielen Ebenen, beginnend mit Becken, in denen man seine Hände waschen kann, um danach die duftenden Produkte bei einer Tasse Kräutertee auszuprobieren.

Im ersten Stock warten Saftbar und Apotheke, wo man aus Honig, Bienenharz, Gelée royale und reinen ätherischen Ölen unter Anleitung erfahrener Chemiker seine eigenen Mittelchen zusammenrühren kann. Im zweiten Stock finden Botanik- und Aromatherapie-Kurse statt. Die dritte Etage widmet sich der Verwöhnung der Kunden durch einen »grünen« Friseur, der nur 100 Prozent natürliche Farben verwendet, während im vierten und fünften Stock ein Spa Masken und Massagen in beruhigendem Ambiente anbietet. Schöner Blick inklusive.

Adresse Solonos 6, Kolonaki, Athen 10673, Tel. +30/210/3640560, www.apivita.com | **ÖPNV** Metro bis Syntagma (M 2 und M 3); Bus 022 oder 060 bis Kanari | **Öffnungszeiten** Mo, Mi, Sa 10–17 Uhr, Di, Do, Fr 10–21 Uhr | **Tipp** In der Nähe liegt die Theocharakis Foundation, wo man im Merlin Café im ersten Stock stilvoll Kaffee trinken und einen Snack zu sich nehmen kann. Danach lohnen gründliches Stöbern im Kunstladen oder eine der Ausstellungen.

11 Das Archäologische Museum in Piräus

... will nicht besucht werden

Verglichen mit seinem imposanten Gegenstück in Athen erinnert dieses Museum an eine Schule oder eintönige Behörde. Nichts weist auf die prachtvollen Schätze in seinem Inneren hin, während die spärlichen Überbleibsel eines antiken Theaters nebenan über Ersatzteile aus Marmor wachen, die an einem Zaun lehnen.

Eine Nachbildung des »Löwen von Piräus«, eine Skulptur, die dem Hafen seinen mittelalterlichen Namen Porto Leone gab, steht nahe dem Eingang; das Original stahlen die Venezianer. Unter ihr rückt das Grabmonument von Kallithea ins Blickfeld, bevor man die Treppe hochrauscht, um sich die Hauptattraktionen anzusehen – vier außergewöhnliche Bronzestatuen. Das Denkmal wurde im 4. vorchristlichen Jahrhundert von Nikeratos, einem »Fremden« aus Kleinasien, in Auftrag gegeben und rief ähnliche Reaktionen hervor wie heute die Protzvillen und Goldcadillacs der Neureichen.

Die Bronzen hingegen sind ein einziger Lobgesang auf unsere feineren Seiten. Nur 35 solcher lebens- oder überlebensgroßen Stücke aus der Antike sind bekannt. Auch diese waren jahrtausendelang unsichtbar, bis 1959 Kanalarbeiter die Statuen aus dem Dreck zogen, wo sie während der berüchtigten Plünderungen des römischen Kaisers Sulla 87 vor Christus versteckt worden waren. Die älteste und wertvollste Statue aus dem 6. Jahrhundert zeigt Apoll als Jugendlichen oder *kouros*. Die meisten anderen archaischen Figuren sind aus Marmor gearbeitet. Hinter ihm stehen drei Göttinnen, Meisterwerke aus dem 4. Jahrhundert. Zwei stellen Artemis dar, eine zart und erodiert, die andere mit kunstvollem Köcher. Die dritte zeigt Athene mit bekränztem Helm. Beachtenswert sind die Frisuren, die kunstvollen Gewänder und die weißen Augäpfel.

Den Abschluss bildet eine große Maske mit aufgerissenen Augen und Mund, schlangenartigen Locken und Bart, die die Tragödie darstellt.

Adresse Harilaou Trikoupi 31, Piräus 18536, Tel. +30/210/4521598 | ÖPNV Metro bis Piräus (M 1), dann 20 Minuten zu Fuß; Bus 049, 300, 904, 906 oder 909 | Öffnungszeiten Di–So 8–15 Uhr | Tipp Wer nach Zea hinunterläuft, sieht die riesige Vielfalt von Segelbooten und Motoryachten, die dort vertäut sind – eine unglaubliche Zurschaustellung von Reichtum. Die Marina war als Passalimani, »Hafen des Pascha«, bekannt, wurde jedoch in den 1970ern in Zea umbenannt, weil dies politisch korrekter erschien.

12 Ariana

Ein Crashkurs in Oliven

Seit fast 100 Jahren verkauft dieses Geschäft fast nichts anderes als Oliven. Das zur Straße hin offene Haus ohne Türen lädt dazu ein, drinnen den Inhalt der 23 frei stehenden Fässer sowie vieler kleinerer Behälter in den Regalen an den Wänden zu untersuchen und zu probieren.

Vielleicht dachten Sie, es gebe nur zwei Olivensorten – grüne und schwarze, mit Kern oder gefüllt mit Paprika, Knoblauch oder Mandel? Hier werden über 20 Sorten der Frucht angeboten – der Schwerpunkt liegt auf den großen, ovalen grünlichen aus Amphissa, dem berühmten Olivenanbaugebiet unterhalb von Delphi. Die Gebrüder Kalothanasis, Andreas und Mihalis, bilden die dritte Generation des Unternehmens, das ihr Großvater gründete.

»Amphissa-Oliven, die man woanders zieht, schmecken auch anders. Land, Boden und Klima machen den Unterschied. Wir handeln mit Oliven aus ganz Griechenland – tränenförmigen Kalamata, winzigen Oliven aus Kreta, runzligen (in Salz eingelegten) Throumbes aus Thasos. Mein Bruder kennt sich damit aus, wie man sie bis zur nächsten Saison einlegt, konserviert und lagert. Idealerweise sind wir an dem Tag ausverkauft, an dem die neuen Oliven eintreffen, manchmal gelingt uns das«, sagt Chef Mihalis.

Die beliebtesten und teuersten sind die großen grünen Oliven vom heiligen Berg Athos, gefolgt von den hellen Throumbes aus Chios. Einige der festen Oliven aus Amphissa werden nach der Größe gehandelt: »Jumbo«, »Kolossal« und »Mammut«.

Der Name Ariana leitet sich von den altgriechischen Wörtern »ari« und »a(g)no« her, was zusammen »sehr rein« bedeutet – wie jener Olivenbaum von Athene, ihr Geschenk an die Stadt, der ihr im mythologischen Kräftemessen der Götter auf der Akropolis, bei dem Poseidon eine Salzwasserquelle aufbot und damit den Wettstreit verlor, die Schirmherrschaft über Athen sicherte.

Wenn Oliven nicht so Ihr Ding sind, können Sie sich hier trotzdem an einer breiten Auswahl an Pickles und zwei Sorten Kapern hungrig sehen. Die aus der Türkei sind das einzige nicht griechische Produkt.

Adresse Theatrou 3, Athen 10552, Tel. +30/210/3211839 | **ÖPNV** Metro bis Monastiraki (M1 und M3) oder Omonia (M1 und M2), dann zehn Minuten zu Fuß | **Öffnungszeiten** Mo–Sa 7.30–15.30 Uhr | **Tipp** Im Herzen von Athens Restaurant- und Marktviertel gibt es weitere Läden, die auf ein Produkt spezialisiert sind – von Seilen über Schnürsenkel bis hin zu Eiern, Mehl und Filoteig.

13 Das Atelier von Ghikas

Meisterwerk ohne Ausblick

Nikos Hadjikyriakos-Ghikas (1906–1994) mag Fremden kein Begriff sein, er war jedoch einer der größten griechischen Künstler des 20. Jahrhunderts. In seinen Bildern entdeckt man Formen, die an Braque, Picasso oder Matisse erinnern, Freunde aus seinen Pariser Tagen. Diese Einflüsse verwandelte er in einen ganz eigenen Stil. Obwohl er die Welt bereist hatte und auch Domizile in London, Hydra und Korfu besaß, war eines seiner Lieblingssujets sein eigenes Atelier in Athen.

Dies war nicht die Mansarde eines Hungerkünstlers: Der Meister widmete jedem Detail seines Dachgeschosses die Aufmerksamkeit des Perfektionisten. Interessanterweise fehlt ein Ausblick. Das große Fenster schaut auf eine Feuertreppe hinaus, laut Ghikas ein Vorteil. »Meine Faulheit scheint geschlossene Räume vorzuziehen«, schrieb er. »Indem ich den Blick irgendwohin fallen lasse, entdecke ich prompt etwas. Daher die zahllosen Stillleben, Ateliers und Innenansichten.«

Die Wände der alten Wohnung ließ er abreißen und baute sie mit perforierten Ziegeln und Zementblöcken wieder auf, er ließ die strukturgebenden Elemente unverputzt, milderte den Effekt jedoch durch weiße und graue Tünche, zusätzliche Löcher und eine spezielle Oberflächenbehandlung ab. Als Hintergrund seiner riesigen Bibliothek sind die Wände neutral, haben jedoch auch ihr Eigenleben. Ghikas konnte man kaum als faul bezeichnen; in seinem Leben kam er auf über 50 Ausstellungen.

Sobald er mit dem Atelier fertig war, dekorierte er den Rest des Apartments mit erlesenem Geschmack, mixte Einheimisches mit japanischen Tabakdosen, europäischen Antiquitäten, Buddha-Darstellungen, Seidenkissen, exotischen Masken und eigenen Gemälden und Skulpturen. Die unteren Ebenen des Gebäudes quellen über von Erinnerungsstücken und Kunst seiner Freunde, zu denen buchstäblich jeder aus der goldenen Ära des Nachkriegsgriechenlands zählte. Man kann einen der Oscars für »Alexis Sorbas« und den Nobelpreis des Dichters Odysseas Elytis bestaunen.

Adresse Kriezotou 3, Athen 10671, Tel. +30/210/3615702 oder +30/210/3630818, www.benaki.gr | **ÖPNV** Metro bis Syntagma (M 2 und M 3), dann drei Minuten zu Fuß | **Öffnungszeiten** Fr, Sa 10 – 18 Uhr | **Tipp** Der Mastiha-Shop an der Ecke ist spezialisiert auf essbare, trinkbare und kosmetische Produkte aus dem kostbaren Harz eines Baumes, der nur im südlichen Chios in der nordöstlichen Ägäis wächst.

14 Das Atelier von Yannis Pappas

Der Mann hinter den Skulpturen

Mit dem Begriff »griechische Statue« verbindet man Darstellungen von Schlachtszenen, Göttern und Sterblichen mit derart perfekt gemeißelten Details, dass das Unterkleid eher aus Spinnfäden zu bestehen scheint als aus Marmor. Die Liebe der Griechen zu Skulpturen hat sich über Jahrtausende erhalten. Parks und Gebäude werden mit ihnen bestückt, obwohl sowohl den Erschaffern wie auch ihren Werken kaum noch Aufmerksamkeit zuteilwird. Einer der wichtigsten Bildhauer war Yannis Pappas (geboren 1913), dessen Werke in und an Bauten in ganz Griechenland stehen. Seinen Namen kennt jedoch außerhalb von Kunstkreisen kaum noch jemand.

Pappas, der 2005 starb, hat ein beträchtliches Œuvre vorzuweisen. Er studierte an der École des Beaux-Arts in Paris und verbrachte dann Zeit am Louvre und am Musée National des Monuments Français (dem »Gipsabgussmuseum«), bevor er nach Griechenland zurückkehrte. In sieben Jahrzehnten brachte er über 700 Arbeiten hervor, allein seine Büsten könnten eine Ausstellung füllen. Viele seiner Auftragsarbeiten galten Politikern, aber auch anderen Künstlern wie etwa Yannis Moralis. Sie durchzugehen ist, als würde man die moderne Geschichte Griechenlands durchblättern – Makrygiannis, Korais, Odysseas Elytis und eine faszinierende Serie von Elefthherios-Venizelos-Figuren.

Alle diese sind in seinem ehemaligen Atelier ausgestellt, in einer Villa mit Säulenhalle, die sein Sohn dem Benaki-Museum stiftete, um dem Werk des Vaters gerecht zu werden und in diesem dicht gedrängten Vorortviertel für eine optische Verschnaufpause zu sorgen. Gemälde, Skizzen und abstraktere Skulpuren illustrieren die kreative Bandbreite und vielleicht wahre Ästhetik des Künstlers, da sie radikal von seinem sonstigen Stil abweichen. Besonders interessant ist der Einfluss ägyptischer Monumentalbauten; Pappas diente dort im Krieg.

Es handelt sich jedoch nicht um ein Museum, sondern um ein belebtes Atelier, in dem Studenten der Athener Kunstakademie arbeiten.

Adresse Anakreontos 38, Zografou, Athen 15772, Tel. +30/210/3671000 | ÖPNV Bus 235 oder 608 | Öffnungszeiten Di, Fr, So 10–14 Uhr | Tipp Ein Pferd namens Argentinos vom Reitclub in Maroussi (Paradisou 18) diente als Modell für das Reiterstandbild Alexanders des Großen, die zu vollenden den Künstler 32 Jahre kostete.

15_Die »Averof«

Ein Schlachtschiff hat Glück

Als dieses Schiff 1910 in Livorno zu Wasser gelassen wird, ist unklar, wem es gehört. Die italienische Marine braucht es nicht mehr, und Brasilien, der Türkei und Griechenland, die es gern hätten, fehlt das Geld. Auftritt George Averof, der das Stadion für die Olympischen Spiele 1896 noch aus dem Grab finanzierte. Sein Testament stellt Mittel für ein Marineschiff bereit, und seine Testamentsvollstrecker stimmen zu, ein Drittel der Kosten zu übernehmen. Der frisch getaufte Panzerkreuzer sticht mit Ziel London in See, pünktlich zur Krönung Georges V., und hofft, dort an Munition zu kommen. Die Briten jedoch, die um die Spannungen in der Ägäis wissen, weigern sich, Kordit und Bomben zu verkaufen.

Im Oktober 1912 bricht der Erste Balkankrieg aus; die »Averof« verlässt Faliro in Richtung Dardanellen und führt die griechische Flotte an. Auf Limnos wird sie schließlich mit rechtzeitig aus England eingeschmuggelter Munition bestückt. Ohne einen einzigen Tag Schießübung nimmt sie an zwei Schlachten gegen die osmanische Flotte teil und setzt dem Feind mit tödlicher Präzision zu, während sie selbst unverwundet bleibt, was ihr den Spitznamen »Lucky Uncle George« einträgt. Griechenland gelingt es, sein Territorium zu verdoppeln.

1941 ist das kohlenbefeuerte Schiff veraltet. Die Besatzung weigert sich jedoch, es zu versenken oder den Nazis zu überlassen. Schließlich macht sich die »Averof« nach Ägypten und von dort nach Bombay auf. Von 1951 bis 1983 wird sie nach Poros in den Ruhestand geschickt, bevor man sie einem Museum übergibt.

Die Restaurierung erweist sich als herkulische Anstrengung. Heute glänzt das Schiff jedoch makellos.

Man stelle sich die Crew von 600 Seeleuten vor, die in Hängematten schliefen, und spähe in die luxuriösen Offiziersquartiere hinein. Oder denke an die Hitze der Kohleöfen, den Lärm der riesigen Maschinen oder die Salven der Kanonen.

Anschließend lohnt ein Besuch der Trireme »Olympias« und des Dreimasters »Eugenios Eugenides«.

Adresse Maritimer Traditionspark Griechenlands, Flisvos, Palio Faliro 17561, Tel. +30/210/9888211, www.averof.mil.gr | **ÖPNV** Metro bis Neos Kosmos (M 2) und Tram; Metro bis Syngrou-Fix (M 2) und Bus B 2 oder 550; Bus 101, 217, A 1 oder B 1 | **Öffnungszeiten** Di – Fr 9 – 14 Uhr, Sa, So und feiertags 10 – 17 Uhr (Führungen möglich) | **Tipp** Nach einem Blick auf die anderen Schiffe im Park lohnt ein Besuch der Taverne im Yachthafen nebenan, um am Meer zu lunchen.

16 Die Avli Taverna

Fleischbällchen für die Götter

Mit seiner schmalen Metalltür, die wirksam von Graffiti getarnt wird, und dem unauffälligen Schild mutet dieses Restaurant, das eher einem Loch in der Wand ähnelt, an, als wolle es gar nicht gefunden werden. Tritt man jedoch in den ehemaligen Innenhof – »avli« –, wird man aufs Wärmste willkommen geheißen.

Takis, der Inhaber, begann hier in den 1980ern, als dies noch eine Kaffeebude war, die die Ladenbesitzer der Gegend versorgte, als Lieferjunge zu arbeiten. Die blauen Türen und verriegelten Fenster, die den engen Hof säumen, führten zu Werkstätten, in denen Gürtel, Plastiktischdecken oder Schuhleder hergestellt wurden, als es in Psyrri noch mehr Rotlicht und winzige Fabriken gab als trendige Cafés, Tavernen und Galerien.

Als sein Chef starb und die Läden nach und nach zumachten, erweiterte Takis die Karte allmählich. Nun gab es auch Speisen, zunächst Würstchen und Fritten. Er brutzelte und schmorte vor sich hin und installierte vor ein paar Jahren in der Miniküche einen Herd mit drei Platten. Das Kochen liebt er, er überlässt es jedoch heute seinen Assistenten, extrem schmackhafte traditionelle Gerichte zuzubereiten – von Omeletts mit Pastourma (Pastrami) über Kohlrouladen bis hin zu den besten »keftedes« (Fleischbällchen), die wir je verputzt haben. Außen knusprig und innen zart, schmecken sie göttlich nach mehr.

Fans genießen auch die exzentrische Atmosphäre, die verblassten Zeitungsausschnitte und Reklameschilder an den Wänden, die bunt zusammengewürfelten Plastikdecken auf den runden Tischen, die altmodischen Caféstühle mit den dicken Katzen darauf, den Knoblauch- und Chilizopf, der von einem Abflussrohr baumelt, die Uralt-Popmusik, die aus dem Radio dröhnt, und die Preise.

Leer ist es hier nur kurz nach dem Öffnen. Dann füllt sich der Laden langsam mit Pärchen und Trupps von Freunden, sowohl Griechen als auch Fremde – und freundliches Geplauder füllt bis nach Mitternacht den Hof. Takis' Liebe zu seinem Laden ist ansteckend.

Adresse Agiou Dimitriou 12, Psyrri, Athen 10554, Tel. +30/210/3217642 | ÖPNV Metro bis Monastiraki (M 1 und M 3) | Öffnungszeiten täglich ab 13 Uhr | Tipp Der Souk (Markt) mit exotischen Gewürzen in der Evripidou liegt nur einen kurzen Block entfernt.

17 Die Bäckerei für die Toten

Das Trauern versüßt

Wer durch die Fenster der Bäckerei Papios spingst, ist sofort fasziniert von den unirdisch erscheinenden Kuchen drinnen – die meisten von ihnen schimmern weiß und sind mit Silber- oder Goldperlen, kunstvollen Blumen und einem Kreuz verziert. Die Bäckerei, die sich auf Gedenksüßigkeiten der griechisch-orthodoxen Kirche spezialisiert hat, liegt gegenüber dem Ersten Athener Friedhof. Hier – am reputierlichsten Ort Athens für solche Produkte – geben die angesehensten Familien Naschwerke in Auftrag, die das Andenken ihrer Toten ehren. Die »Kuchen« nennen sich *kolyva*, eine griechische Trauertradition aus vorchristlicher Zeit, und werden nicht in Stücke geschnitten, sondern krümelig und in löffelbaren Portionen serviert. Nach dem Gottesdienst versammelt man sich in einem Café, und den Trauernden werden Koliva, starker griechischer Kaffee und Brandy angeboten.

Die Hauptzutat ist Weizen, der in der Antike als heilige Metapher auf die Vielfalt der Erde galt und, da er ein Korn ist, das nach dem Vergraben austreibt, die Wiederauferstehung der Seele symbolisierte. Der gekochte Weizen wird mit anderen Zutaten vermischt, darunter Granatapfelkerne, die Persephone in die Unterwelt lockten, sie gelten auch als »Juwelen« des Himmels. Nüsse stehen für das Sprießen der Seele, Rosinen spiegeln die Freuden des Himmels, blanchierte Mandeln ähneln Knochen und symbolisieren das Ende, das auf uns alle wartet. Zucker schließlich repräsentiert die Süße des Paradieses.

Nicht zufällig ist Papios berühmt für seine Kreationen. Weltbekannte Kunden wie Königin Friederike von Griechenland, Eleftherios Venizelos, Aristoteles Onassis, Melina Mercouri oder Christodoulos, Erzbischof von Griechenland, zählten zu den vielen, für die die Bäckerei ihre exquisiten und erinnernswerten Koliva herstellte.

Adresse Anapafesos 27, Mets, Athen 11636, Tel. +30/210/9220814, www.papios.gr | ÖPNV Bus 227 ab Syntagma oder Monastiraki; Trolley 4 | Öffnungszeiten Mo, Mi, Sa 9–17 Uhr, Di, Do, Fr 9–15 Uhr und 17–20.30 Uhr | Tipp Von so viel Tod erweckt man sich am besten im Café Odeon in der Markou Mousourou ein paar Straßen weiter wieder zum Leben. Abends könnte man lebhafte Livemusik erwischen.

18 Der Bauernmarkt

… in der Kallidromiou

In Athen soll es stolze 44 Straßenmärkte geben, aber die Zahl ist veraltet. Jedes Viertel hält wöchentlich einen ab, viele darüber hinaus Biomärkte. An diesen Tagen herrscht Verkehrschaos, das Parken ist noch unmöglicher, und trotzdem sind die Bauernmärkte oder »Volksmärkte« (*laiki agora*) eine beliebte Institution, die 2019 ihren 90. Geburtstag feiert. Sie waren die Idee von Eleftherios Venizelos während seiner letzten Amtszeit als Premierminister (1928–1932), und sie unterstützen die Kleinbauern genauso, wie sie den Städtern Zugang zu frischestem Obst und Gemüse zu günstigen Preisen ermöglichen.

Selbst wenn man nichts einkauft, erlebt man in der Straße, die beste Frischwaren säumen, ein Fest für die Sinne. Die schiere Fülle ist überwältigend – hier merkt man keine Anzeichen der Krise. Ebenholzfarbene Auberginen, glänzende Tomaten, riesige Kürbisse, Pyramiden von Kartoffeln, duftende Erdbeeren, in der Sonne gleißende Kräuter und Salate füllen die Stände zum Bersten und variieren je nach Saison. Frischen Fisch, Honig, Nüsse und eimerweise Oliven findet man hier jedoch genauso wie getrocknete Kräuter, Schnittblumen, Topfpflanzen oder Haushaltswaren und sogar rassige rote Dessous. Vergraben Sie Ihre Nase in einem Bündel Oregano, versuchen Sie, dem Duft der Souflaki auf dem Rost zu widerstehen.

Auch sozial ist hier einiges los: Stammkunden plaudern mit den Verkäufern, Nachbarn treffen Nachbarn. Den Markt in der Kallidromiou empfehlen wir besonders, da er quer durch Exarchia verläuft und einen anderen Blick auf die berüchtigte Brutstätte der Anarchisten bietet. Hier trifft man auf ganz gewöhnliche Leute vor graffitibeschmierten Wänden, eleganten wie ruinierten Häusern, einer baumgesäumten Treppe und einem Banner für »Asteras 1928«, einen Sportverein. Tumult und Protestmärsche braucht man nicht zu fürchten, obwohl einem der eine oder andere Flyer zu einer geplanten Demo in die Hand gedrückt werden mag.

Adresse Kallidromiou, von Kountourioti bis Harilaou Trikoupi, Exarchia 10683 | **ÖPNV** Metro bis Omonia (M 2 und M 3), dann die Themistokleous hoch oder Bus 230, 025 oder 026 ab Panepistimiou nehmen | **Öffnungszeiten** Sa 8–14/15 Uhr | **Tipp** Das Ama Lahei, ein Restaurant in einem alten Schulgebäude mit Hof in Nummer 69, ist ein großartiger Ort für Lunch oder Dinner (öffnet um 13 Uhr, Tel. +30/210/3845978).

19 Das Benaki-Museum

Kinderträume im Märchenschloss

Einzutreten ist ein Erlebnis für sich: Die ehemalige Villa aus dem 19. Jahrhundert, die in einem Stilmix aus gotischen und mittelalterlichen Elementen erbaut und mit zwei achteckigen Türmen gekrönt wurde, knallt ins Auge wie ein Märchenschloss zwischen verwitterten Apartmentblocks am Meer. Das Interieur schmücken Barock- und Jugendstildetails, während die Räume mit einer bunten Überfülle an Spielzeug aufwarten.

Die Sammlung von 20.000 Stücken wurde von Maria Argyriadi gestiftet, deren Liebe zu den Spielsachen der Kindheit neu entflammte, als sie als Erwachsene einen Teddybären »rettete«. Einen umtriebigen Antiquar zum Ehemann zu haben half ihrer Mission natürlich, während sie Kinderkram aus ganz Europa, Afrika, Asien und schließlich bevorzugt Griechenland zusammentrug.

Die Ausstellung beginnt mit Tonfiguren, Holzpuppen, Pferden und Statuetten aus dem antiken Griechenland, Ägypten und Rom, gefolgt von der byzantinischen Ära, an die sich das 17. bis 20. Jahrhundert anschließen. Es gibt aufgerüschte Porzellanpuppen, die in feinen Seiden- und Spitzenkleidern stecken, fintenreiche Brettspiele, mechanische Affen, eine Peepshow und kunstvoll gearbeitete Mini-Theater. Auch das klassische griechische Fasoulis-Puppentheater und die »Truppe« von Nikos Akiloglous »Marionettentheater des Widerstands«, das während des Zweiten Weltkriegs in den Bergen über die Bühne ging, werden gezeigt. Die meisten Exponate sind nicht nach Herkunftsländern sortiert; so werden die Kunstfertigkeit und die soziopolitischen Elemente des Spielzeugs aus unterschiedlichen Ländern deutlich, da man Spielzeug aus denselben Epochen vergleichen kann.

Plastik hingegen bekommt man nicht zu sehen, alles besteht aus natürlichen Materialien. Ebenso bemerkenswert: Altes Spielzeug war entweder sehr viel feiner und finessenreicher oder viel schlichter und gröber als heute. Es gibt auch einen Souvenirshop mit einer Fülle an klassischem und modernem Spielzeug für jedes Alter.

Adresse Poseidonos 14 und Tritonos Street 1, Palaio Faliro 17561, Tel. +30/212/6875280, www.benaki.gr | **ÖPNV** Bus 217, 550, 860, A 1, B 1 oder B 2; Tram bis Trokantero | **Öffnungszeiten** Do–So 10–18 Uhr | **Tipp** Vom Museum aus sieht und riecht man das Meer. Gehen Sie zum Floisvos-Park hinüber, der als einer der besten Spielplätze Attikas gilt, aber gleichzeitig auch toll ist für einen Spaziergang inklusive Snackgelegenheiten.

20 Bios Rooftop Bar

Immer ein Ass im Ärmel

Seit der Eröffnung 2003 gilt das Bios sowohl hinsichtlich seines Stils als auch seines Konzepts als wegweisend; das so multimedia-besessene wie multikulturell ausgerichtete Eventlokal arbeitet mit Künstlern und Avantgardisten aus Griechenland und der ganzen Welt zusammen und bietet alles von experimentellen Electronica-Gigs und DJ-Sets bis zu Theater-Workshops, digitalen Installationen und Kindertheater.

Sein charakteristisches Interieur saugt die Vibes aus der Umgebung an der Grenze zwischen Gazi und Kerameikos auf – wo Kulturenmix, neue Kunst, heiß pochende Urbanität und schäbige Industrie-Architektur (die langsam, aber sicher gentrifiziert wird) aufeinandertreffen. Seine Bar mit bunt zusammengewürfeltem Mobiliar und einem riesigen erleuchteten Aeroflot-Schild betont den kunstverliebten, intellektuellen und verspielten Charakter von Organisatoren und Klientel – diese reicht von Eingefleischten bis zu Neugierigen.

Es geht modisch und cool zu, genauso aber lässig und unprätentiös. Gestreifte Sonnenliegen, metallene Stühle aus Bierfässern, Holzbänke und große Lichtwürfel verschmelzen digitales Zeitalter und Urbanität mit aufgeräumter Strandstimmung. Letztere akzentuieren auch die erfrischenden Papoto-Eislollis auf Basis von Cocktails wie Margarita, Piña colada und Daiquiri, die mit zerstoßenem Eis im Glas serviert werden.

Es gibt zwar einige tolle Rooftop-Bars mit Blick auf den angestrahlten Parthenon und den Lykabettus, das Bios bietet jedoch lokales Flair und kombiniert schöne Aussicht und Drinks mit mehr als nur einem Plätzchen zum Plaudern. Von Filmvorführungen (drahtlose Kopfhörer gibt es an der Bar), Live-Installationen, einem vielfältigen Opern- und Theaterprogramm bis zu Musikgigs oder Audio-Reisen von Top-DJs (mit Thema Sonnenuntergang oder Vollmond) zieht das Bios ein Ass nach dem anderen aus dem Ärmel. Beinahe gerät der atemberaubende Blick zur Nebensache.

Adresse Pireos 84, Gazi, Athen 10435, Tel.+30/210/3425335, www.bios.gr | ÖPNV Metro bis Kerameikos (M 3) oder Thisio (M 1) | Öffnungszeiten täglich 11–4 Uhr | Tipp Schauen Sie bei Technopolis, dem alten zentralen Gaswerk, vorbei (man erkennt es an seinem charakteristischen roten Turm und den fassförmigen Gebäuden). Es wurde zu einem Kulturort, einem Café und einer Radiostation umgewidmet. Tagsüber kann man auch das Museum besuchen. Im Mai findet hier das einen Monat dauernde European Jazz Festival unter freiem Himmel statt.

21 Das Black Duck Garden

Tee im Palast

Die schmiedeeisernen Tore hinter dem nüchternen Eingang sind nicht gerade das, was man sich unter dem Portal einer Zeitmaschine vorstellt. Dennoch sieht man sich hier unversehens vom Lärm eines Stadtzentrums des 21. Jahrhunderts in die Stille eines Salons des 19. Jahrhunderts zurückversetzt – zudem in jene eines königlichen. Es gibt auch einen romantischeren Eingang, der durch einen Bogen in einen herrlichen Garten führt, in dem man sich an lauen Tagen wunderbar erfrischen kann.

Das 1833 vollendete klassizistische Anwesen war eine der ersten Villen, die in Athen gebaut wurden, nachdem es zur Hauptstadt des modernen Griechenlands geworden war. Der Bankier Stamatis Vouros aus Chios machte sie während der sechs Jahre, die der Bau der endgültigen Residenz dauerte, dem frisch gekrönten König Otto und Königin Amalie als zeitweiligen Wohnsitz zugänglich. Amalie liebte Gärten und schuf auch hier einen – eine kleinere Version jener Nationalgärten, die sie der Stadt hinterlassen hat. Der Originalgarten erstreckte sich über den gesamten Platz, wurde jedoch durch Bauprojekte mehr und mehr zurückgedrängt. Übrig sind nur der innere Hof, wo Amalie und Otto wohl ihren Tee einnahmen, und ein kleiner gestufter Brunnen.

Die Atmosphäre von damals – wenn auch leider nicht alle Original-Möbel – ist in diesem bistroähnlichen Café erhalten geblieben. Man sieht Amalie regelrecht vor sich, wie sie nach einem Gedichtband in der Bibliothek im Erker greift, während Tee serviert wird. Geht man ins benachbarte Stadtmuseum in einer zweiten Villa, die Vouros für seinen Bruder baute, lässt sich der Eindruck vertiefen. Gelegentliche Lesungen tragen zum Salon-Ambiente bei. Das Dekor verbindet kunstvolle Antiquitäten mit modernem Minimalismus, zum Beispiel Samtpolster mit Chromteilen. Der perfekte Ort, um sich eine Weile von den innerstädtischen Spannungen zurückzuziehen und dem Leben in gemächlicheren Zeiten nachzuspüren.

Adresse Ioannou Paparrigopoulou 5–7, Plateia Klafthmonos, Athen 10561, Tel. +30/210/3252396 | **ÖPNV** Metro bis Panepistimio (M2); Bus 1, 2, 4, 11, 12, 15 oder 227 | **Öffnungszeiten** täglich 10–2 Uhr | **Tipp** »Die Dichter«, ein Gemälde von Giorgio de Chiricos Mentor Georgios Roilos, ziert das Foyer der Parnassus-Literaturgesellschaft in der Plateia Karytsi hinter dem Café.

22 Das Blaue Apartmenthaus

Ein Wahrzeichen verblasst

Das Haus am oberen Ende des Exarchia-Platzes ist ein städtisches Wahrzeichen. Der in den 1930ern errichtete Wohnkomplex galt in der Zwischenkriegszeit als Symbol der neuen, modernen Großstadt. Es waren nicht nur seine Farbe – Himmelblau – oder die baulichen Linien, die selbst den viel gepriesenen Architekten Le Corbusier zu dem Ausruf veranlassten: »C'est très beau!«, sondern das Konzept urbanen Lebens, das er verkörperte. Dieselben modernen Vibes strahlten auch seine Bewohner aus, ein Mix aus Künstlern, Intellektuellen und Schauspielern, darunter die Oscarpreisträgerin Katina Paxinou.

Das Stadtleben sollte ähnlich gemeinschaftlich gestaltet werden wie das Dorfleben – dafür sorgten gemeinsame Lebens-Räume wie ein Dachgarten, ein Swimmingpool, eine Waschküche, aus der Zentralheizung gespeiste, dampfbetriebene Trockner und Lounges. Die Wohnungen boten eingebaute Schränke und Kücheneinrichtungen aus der Schweiz. Auch heute ist es selten, dass ein Kühlschrank zur Wohnung gehört, und 1934 erst recht. Die Zierelemente des Art déco von den kultigen schwarz-weißen Fliesen bis zu den Bullaugenfenstern in den Holztüren sind erhalten.

Aufgrund der Lage im Stadtzentrum blieb das Haus nicht vom Zweiten Weltkrieg mit anschließendem Bürgerkrieg verschont. Da einige seiner prominenten Bewohner zum Widerstand gehörten, diente das Gebäude als Kontaktpunkt für Untergrundgruppen, darunter »Midas 614«, die Verbindungen zu den Alliierten unterhielten. Im Bürgerkrieg war es eine Basis der linken Volksfront, die auf dem Dach ein Maschinengewehr installierte. Einschlaglöcher von 1944 sind auf der Marmortreppe der Lobby noch immer sichtbar.

Wie die Umgebung hat auch das Haus in jüngster Zeit ordentlich gelitten: Die leuchtend blaue Farbe verblasste zu einem trüben Grau, während das Gebäude sich noch immer in der fragilen Schwebe zwischen Gentrifizierung und Verfall befindet – ein Symbol für den sturen Trotz, wie er für das ganze Viertel typisch ist.

Adresse Arachovis 61 und Themistokleous 80, Exarchia, Athen 11634, Tel. +30/210/3210185 | **ÖPNV** Metro bis Panepistimio (M 2) oder Omonia (M 1 und M 2); Bus 21, 60, 224, 230, 813 oder A 7 | **Tipp** Einen besseren Blick auf das Gebäude hat man von der Terrasse des Kinos Vox gegenüber.

23 Das Cine Thision

Leinwand zu Füßen des Parthenon

Das Cine Thision, das erste Open-Air-Kino der Hauptstadt, hat sich seinen originalen Charme alter Schule resolut bewahrt. Das 1935 für Sommervorführungen eröffnete Lichtspieltheater bietet einen herzerwärmenden Blick auf den Parthenon, der nach Sonnenuntergang allmählich in goldenem Licht erstrahlt, und bleibt dennoch vom Mainstream beinahe unberührt.

Anders als die griechische Psyche überlebte das Kino den Zweiten Weltkrieg unversehrt, obwohl die Deutschen hier ihre Propagandafilme aufführten. Seither ist es mehreren kleineren Updates unterzogen worden, etwa einer Ausstattung mit digitaler Technik und Surround-Sound. Im Wesentlichen jedoch würde sich ein Zeitreisender aus den 1930ern hier noch sehr gut zurechtfinden.

Gezeigt werden zwei Filme pro Abend, manchmal beliebte alte Klassiker (mit griechischen Untertiteln), deren nostalgischer Glamour die Atmosphäre der aussterbenden Athener Sommerkino-Tradition noch intensiviert.

Geöffnet ist von Mai bis Oktober. An diesem von Grün umgebenen und von einer sanften Brise mit Basilikum- und Jasminnoten umwehten Ort sitzt man auf roten Stühlen unter dem Sternenhimmel, auf kleinen runden Tischen liegen die Snacks.

Während der kühleren Monate sind auch Decken erhältlich, um sich zu wärmen. Anders als in anderen Kinos Athens serviert hier eine altmodische Snackbar Tsipouro, einen Traubenschnaps, oder Bottarga, einen Biowein aus Mesolonghi, woher auch die Inhaber stammen, außerdem frisch gebackene Käsetorte oder diverse Produkte aus Sauerkirschen – Likör, süße Früchte zum Löffeln oder Vyssinada (Fruchtsirup in eiskaltem Wasser). Einheimische Katzen unterstützen dabei, Fallengelassenes und Verkleckertes aufzuputzen.

Die Romantik dieses Open-Air-Kinos hat auch schon zu Heiratsanträgen geführt; das Haus hat bereits einige Hochzeitspartys ausgerichtet.

Adresse Apostolou Pavlou 7, Thisio, Athen 11851, Tel. +30/210/3420864, www.cine-thisio.gr | **ÖPNV** Metro bis Thisio (M 1) | **Öffnungszeiten** je nach Sonnenuntergang – Filmstart meist um 21 Uhr | **Tipp** Nur fünf Gehminuten entfernt auf dem Nymphenhügel liegt das Nationalobservatorium Athens. Man kann eine Abendführung buchen oder einfach hochlaufen, um den Blick auf die glitzernde Stadt zu genießen.

24 Die Cinque Wine Bar

Die Fünf als Glückszahl

»Wein ist der ständige Beweis dafür, dass Gott uns liebt und uns glücklich sehen möchte.« Diese Worte sind gerahmt neben dem Eingang der winzigen Bar zu lesen. Platz finden hier nur 16 Leute drinnen und 15 draußen; was das Cinque so besonders macht, sind der persönliche Touch und die herzliche Gastlichkeit.

»Als Weinliebhaber wissen wir, wie man auf andere Weinliebhaber zugeht«, sagt die Inhaberin Evangelia Prassou. »Wir nehmen sie mit auf eine Reise in griechische Weinregionen und finden mit ihnen zusammen heraus, welche unserer 45 Weinsorten sie probieren möchten. 19 verschiedene Verkostungskombinationen bieten wir an, können uns aber auch dem Gast anpassen. Wir beziehen unsere Weine nur von kleinen griechischen Produzenten und servieren überwiegend griechische Sorten. Wussten Sie, dass es hier 300 Rebsorten und über 3.200 Weinsorten gibt?«

Die meisten haben sich in den letzten 20 Jahren in der Bar vorgestellt. Bei Namen wie »Romeo und Julia«, »Zwei Flüsse«, »Rebhuhn im Weinstock« oder »Mega Spileo« meint man, einen Guide zu brauchen. Die Weinliste ist eine unterhaltsame Lektüre, während man wartet. Zu lesen bekommt man Erbauliches wie: »Xinomavro kann im Weinberg der Teufel sein … und zu saurem Fusel führen.«

Beraten Evangelia und ihr Mann Grigoris, ein Sommelier, besteht solche Gefahr nicht. Ihre erste Weinbar eröffneten sie in Lamia, zogen mit ihrem Sohn Nikitas jedoch 2015 nach Athen, als dieser sich an der Uni einschrieb, um Önologie zu studieren. Das Lokal war ein Soforterfolg. Dem Essen widmen die drei die gleiche Aufmerksamkeit und beziehen Käse, Aufschnitt und andere delikate Snacks nur von kleinen Betrieben. Sogar veganer Käse ist mittlerweile dabei. Aber warum Cinque? »Weil wir uns ursprünglich in Italien in Weine verliebt haben. Die Fünf steht für die fünf Geschmackserlebnisse, und indem wir die Zahl Fünf drehten, fanden wir auch unser Logo.«

Adresse 15 Agatharchou, Psyrri, Athen 10554, Tel. +30/215/5017853, www.cinque.gr | **ÖPNV** Metro bis Thisio (M 1) oder Monastiraki (M 1 und M 3), dann zehn Minuten zu Fuß | **Öffnungszeiten** Mo–Sa 18–24 Uhr | **Tipp** Wer laute Musik braucht, findet in den Läden nebenan massig davon.

25 Die Dienerin des Philon

Antike Roboter

Die Welt mag wissen, dass die Griechen die Philosophie, Demokratie, politische Theorie und Medizin begründeten. Über ihre Errungenschaften in der Technik ist jedoch wenig bekannt – in einem Zeitalter, in dem die Menschheit die unvermeidliche Übernahme des Lebens durch Roboter vorhersieht, diskutiert und fürchtet.

Die Dienerin des Philon dagegen ist seit Ewigkeiten unübersehbar. Der weitgehend unbekannte erste Roboter der Welt war eine lebensgroße Dienstmagd, die Symposion-Gästen Wein einschenkte – nebst des rechten Quantums an Wasser, denn man hielt den Genuss von purem Wein für gefährlich und barbarisch. Sie war eine Idee des Philon von Byzanz, der im 3. Jahrhundert vor Christus lebte und auch die Wassermühle erfand. In der Brusthöhle befinden sich zwei Behälter, einer mit Wein und einer mit Wasser. Beides wurde, sobald ein Gast seine Tasse in ihrer linken Hand platziert hatte, über kleine Rohre in einen Krug geleitet, den die Maid in der rechten Hand hielt.

Das Kotsanas-Museum, in dem die Schenk-Gehilfin mit dem leeren Blick steht, präsentiert 145 Exponate, die alle von Kostas Kotsanas hergestellt wurden, einem mechanischen Ingenieur, der 20 Jahre seines Lebens dem Studium griechischer, lateinischer und arabischer Texte sowie Malereien von antiken Schiffen widmete. 300 jahrtausendealte Erfindungen erweckte er wieder zum Leben, jede einzelne staunenswert. Darunter sind das erste Alarmsystem des Heron, die revolutionäre Aelosphäre (Vorläufer des Dampfmotors), Platons Wecker, Flugmaschinen, automatische Theater und Technologie für Telekommunikation, den Krieg, Astronomie, Gebäude, Landwirtschaft und die Künste.

Gehen Sie die Treppe hoch zu einer Ausstellung von Musikinstrumenten und einem Café mit Brettspielen, und Sie werden Musik machen: Jeder Schritt auf den Stufen bringt eine Note des »Liedes von Seikilos« (von einem Witwer für seine verstorbene Frau) zum Klingen, die älteste überdauernde Komposition der Welt.

Adresse Pindarou 6, Kolonaki, Athen 10671, Tel. +30/211/4110044, www.kotsanas.com | ÖPNV zehn Minuten zu Fuß ab Syntagma-Platz; Bus 060, 203, 204, 224 oder A 5 zur nahen Kanari-Straße | Öffnungszeiten täglich 9–17 Uhr | Tipp Nach dem Besuch des ersten Kinos der Geschichte lohnt eine Stippvisite im Aglaia-Mitropoulou-Museum ein Stück die Straße hinunter (Kanari 1), um alles über die griechische Filmkunst zu erfahren.

26 Das Digitale Museum

Hightech-Zugang zur Philosophie

Viel Unmut gab es (besonders bei Griechen) darüber, wie öde die Gegend um die Platonische Akademie mittlerweile wirkt. Was heute daherkomme wie ein Park mit ein paar verstreuten, mickrigen Ruinen, sei einst die erste und einflussreichste Schule der Philosophie gewesen, auf der die moderne Zivilisation gründe, und solle etwas anerkennender präsentiert werden. Die 387 vor Christus von Platon gegründete Akademie umfasste einst ein ganzes Viertel, das 1,5 Kilometer nordwestlich des Stadtzentrums lag – neben einem Olivenhain, der der Göttin Athene gewidmet war und selbst eine heilige Stätte darstellte. Sie teilte sich in mehrere Schulen auf, die sich der Dialektik, der Mathematik und der Philosophie widmeten.

Heute gehört das Gelände den Gassigehern, obwohl es auch ein paar Touristen hertreibt, die den Extra-Aufwand auf sich nehmen, das Stadtzentrum zu verlassen, um ehrfürchtig jene Stätte zu bestaunen, an der Platon einst lehrte.

Viele Besucher wissen jedoch gar nicht, dass es hier seit 2015 auch ein faszinierendes digitales Museum gibt. In seinem Tholos (Rundbau) bietet es eine virtuelle Zeitreise. Äußerlich ähnelt der Bau einem Schiffscontainer. Zu erleben gibt es eine höchst informative Hightech-Führung – interaktive Medien einschließlich digitaler Bildflächen, Texten, Karten und Computerspielen oder Videoprojektionen.

»In einer Stunde des Spielens lernst du mehr über einen Menschen als in einem Jahr der Unterhaltung«, sagte Platon, und das Museum verkörpert exakt dieses Konzept. Es ist in drei Räume aufgeteilt: Der erste bietet eine Einleitung in die entscheidende Rolle Platons und seiner Akademie und zeigt auch, wie die Gegend einst aussah. Der zweite stellt seine philosophische Methodik vor und lädt dazu ein, den eigenen Denkprozess zu erkunden. Der dritte setzt in Szene, wie Platons Lehren von seinen Anhängern durch die Zeiten verbreitet wurden und die Welt bis heute beeinflussen.

Adresse Ecke Monastiriou und Kreontos, Akadimia Platonos, Athen 10442, Tel. +30/210/5142138, www.plato-academy.gr | **ÖPNV** Bus 051 bis Kratilou oder Kete ab Omonia-Platz – beide Haltestellen liegen im zentralen Abschnitt der Stätten der Platonischen Akademie | **Öffnungszeiten** Di–So 9–16 Uhr | **Tipp** Trinken Sie einen Kaffee mit Mitgliedern der wohltätigen Vereinigung The European Village (Monastiriou 140), deren Angebot von Yoga über Theaterworkshops bis zu nicht genveränderten Samen reicht.

27 Der Diomedes-Garten

Ganz groß und doch unbekannt

Er bedeckt 186 Hektar, jedoch sind nur 20 davon landschaftlich gestaltet und bepflanzt. Der älteste Pinienwald in Attika macht den großen Rest aus, zusammen mit 500 Selbstaussäern, die Gärtner als »Freiwillige« bezeichnen. Zu diesem botanischen Garten gehören 15 große Blumenbeete, 25 Teiche mit Wasserpflanzen (sowie Fröschen und Schildkröten), ein Arboretum mit Bäumen von sechs Kontinenten einschließlich Ozeanien, eine Baumschule, ein Gewächshaus, ein Herbarium mit 12.000 getrockneten Arten und eine Saatbank mit 800 Sorten. Athener von der anderen Stadtseite werden davon jedoch noch nie gehört haben.

In der Stadt gibt es wenige Grünflächen. Die, die es gibt, existieren meist dort, wo es zu steil zum Bauen ist oder wo antike Monumente stehen. Die antiken Schaustücke im Diomedes-Garten sind hingegen lebendig. In der Abteilung mit historischen Pflanzen sind Spezies zu sehen, die Theophrast erwähnte (er schuf den ersten botanischen Garten der Welt im 4. vorchristlichen Jahrhundert) oder die bei Dioskurides, in der Bibel oder der Mythologie vorkommen wie etwa der Schierling (*Conium maculatum*), mit dem Sokrates sein Leben beendete, oder der gigantische Fenchel (*Ferula communis*), in dem Prometheus jenes Feuer verbarg, das er vom Olymp gestohlen hatte, um es der Menschheit zugänglich zu machen.

Der Garten selbst war ein Geschenk von Alexander N. Diomedes und seiner Frau Julia an die Athener Universität nach seinem Tod 1950. Er war Universalgelehrter und Präsident der 1930 gegründeten Nationalbank, deren Finanzen er in einer Zeit, in der Griechenland – ähnlich wie heute – bankrott war und von Flüchtlingen destabilisiert wurde, von der Politik getrennt hielt. Julia war leidenschaftliche Gärtnerin, die gern neue Rosensorten einfliegen ließ. Das kinderlose Ehepaar hinterließ ein Vermögen für diesen Garten, der zum Andenken an Julia auch mindestens 100 Rosensorten zeigt.

Adresse Iera Odos 401, Haidari 12461, Tel. +30/210/5811557, +30/210/5812582, +30/210/5813049, www.diomedes-bg.uoa.gr | **ÖPNV** Metro bis Agia Marina (M3) und Bus 811, Busse A16, G16, 836 ab Athen oder 801, 845 ab Piräus | **Öffnungszeiten** Mo–Fr 8 Uhr–Sonnenuntergang, Sa, So und an den meisten Feiertagen 10 Uhr–Sonnenuntergang, geschlossen vom 15. Juli–31. Aug. | **Tipp** Die Straße Iera Odos folgt der Route der antiken Heiligen Straße, die vom Zentrum Athens nahe dem Friedhof in Kerameikos zum Heiligtum der Demeter in Eleusis führte, wo die »Mysterien« abgehalten wurden, eines der bestgehüteten Geheimnisse der Welt.

28 Das Diporto

Zwei Türen zur Unterwelt

Graffiti, Schmutz und zwei klaffende offene Türen im Bürgersteig zieren den Eingang zu dieser Taverne. Ein Blick hinein offenbart zwei steile Treppen, die in einen dunklen Keller führen, auf der einen Seite ein Marmorbecken, auf der anderen ein, zwei Tische. Wenn Sie den Kopf drehen, erkennen Sie auch eine Wand mit alten Weinfässern aus Eiche. Vielleicht weht zudem der Dunst von Bratfisch oder geschmorten Bohnen nach oben. Der Mief gesalzenen Kabeljaus, der so abstoßend sein kann wie die Turnschuhe eines Teenagers, könnte Sie zum Rückzug und zur Suche nach einer Bäckerei oder einer Falafel-Bude veranlassen.

Wer jedoch den Abstieg in diesen Untergrund-Imbiss wagt, wird sich in einem der ältesten Wirtshäuser Athens wiederfinden. Obwohl es als Diporto bekannt ist und seit 1887 existiert, weist kein Schild auf es hin. Dies ist einer der wenigen Orte, an dem man echten Retsina bekommt und wo die Fässer kein leeres Echo der Vergangenheit darstellen.

Wer hier essen möchte, muss seinen Tisch gegebenenfalls teilen – es gibt nur acht – und sein (echtes Bauern-)Brot mit dem Bürgermeister Athens, Stars aus dem Ausland oder Einheimischen brechen, die auf dem Zentralmarkt einen Block weiter arbeiten.

Inhaber Barba Mitsos begann seine Laufbahn mit zwölf Jahren als Kellner. Noch heute serviert er die köstlichsten Kichererbsen, mit Tomaten gegarte Anchovis, Bohnen, frittierten Kabeljau mit Knoblauchsoße und weitere einfache griechische Klassiker. Der in makelloses Weiß gekleidete, weißhaarige und -bärtige Chef könnte auch ein Foto von Francis Ford Coppola hervorziehen oder vom kommunistischen Dichter Kostas Varnalis erzählen, einst Gewinner des Lenin-Preises, dessen Foto an der Wand hängt.

Wer es aushält, dem gewährt das Diporto einen Einblick in das Athen vor 50 Jahren. Man erwarte jedoch keine Speisekarte, sondern linse einfach in die Töpfe oder zeige auf das, was sich die anderen schmecken lassen.

Adresse Sokratous 9 und Theatrou (im Stadtzentrum), Tel. +30/210/3211463 | ÖPNV Metro bis Omonia (M1 und M2) oder Monastiraki (M1 und M3) | Öffnungszeiten Mo–Sa 8–19 Uhr | Tipp Ein fliegender Händler bietet seine Waren stets auf dem Bürgersteig vor dem Diporto an. Manche hängen auch an der Wand: ein Jagdhorn, ein französisches Horn und eine Trompete.

29 Der Eridanos

Fluss in der Metrostation

Ein faszinierendes Erlebnis wartet auf diejenigen, die dem Lärm der Stadt, dem Kunstlicht und den strömenden Massen an den Metro-Haltestellen den Rücken kehren und sich auf eine Glasbrücke nur Sekunden von den Schienen entfernt begeben, wo man noch heute in die Ruhe der antiken Umgebung eintauchen kann.

An diesem 300 Quadratmeter großen Ausgrabungsort hört man den Fluss Eridanos rauschen, der hier seit der mykenischen Epoche fließt. Natürliches Licht flutet den Ort, Vögel flattern herein, um sich auf den Ruinen niederzulassen. Augenblicklich reist die Phantasie zurück in eine Zeit, in der Athen von üppigem Grün bedeckt, von Flüssen und Bächen durchzogen und mit gut durchdachten Häusern und Geschäften bebaut war. Eindrucksvolle Artefakte, die auf Fotos und in Texten präsentiert werden, wurden hier zusammen mit Wohnhäusern (vom 8. vorchristlichen bis zum 19. Jahrhundert) ausgegraben.

Dieser 2008 der Öffentlichkeit zugänglich gemachte Abschnitt war die imposanteste Entdeckung der Firma Attiko Metro während des Baus der Untergrundbahn, wobei auch an den Haltestellen Akropolis, Syntagma und Kerameikos Funde bestaunt werden können.

Der Fluss speiste sich aus Quellen unterhalb des Lykabettus nördlich der Akropolis und floss durch die Agora Athens bis zum Friedhof in Kerameikos (heute gibt es dort noch einen kleinen Bach). Ilissos, der andere große Fluss des antiken Athen (der vom Berg Hymettus herabfloss), mündete westlich der Akropolis in den Eridanos und schließlich in den Kifissos. Der Eridanos und der Ilissos, an die Skulpturen von Flussgöttern und Nymphen an der Westseite des Parthenon-Giebels erinnern, dienten als vielfältige Ressourcen für das Athener Leben. Der Eridamos lieferte sauberes Wasser zum Trinken, für religiöse Zeremonien und profanere Zwecke. Zudem war er erfrischender Hintergrund für diverse sportliche und gesellschaftliche Events, so wie er auch heute noch mit der Magie der Ruhe zu begeistern vermag.

Adresse Metrostation Monastiraki, Monastiraki-Platz, Athen 10563 | **ÖPNV** jede blaue Linie der Metro oder die grüne Linie der HSAP | **Öffnungszeiten** täglich 6.30–23.30 Uhr | **Tipp** Gehen Sie zum Agias-Eirinis-Platz zu Loukoumades (fünf Gehminuten) und kosten Sie die griechische Antwort auf den Donut, die mit heißer Schokoladensoße und anderen Raffinessen serviert wird.

30 Der Exarchia-Platz

Anti mit Tradition

Der Ruf des Exarchia-Platzes als Brutstätte von Anarchisten, Rowdys und Junkies hat sich bis jenseits der Landesgrenzen ausgebreitet. Jüngst gab es hier teils gewalttätige Proteste gegen staatliche Kürzungen und gefühlte Ungerechtigkeit. Die erste Demo dieser Art fand jedoch bereits 1859 statt und richtete sich gegen König Otto. Von Beginn an war dieser Bezirk eine Bastion der Gegenkultur. Dies war eine logische Folge der Präsenz der Universität (ab 1841) sowie der Philosophie-, Rechts- und Chemiehochschulen und ab 1873 auch der Technischen Universität, die 100 Jahre später für jenes massive Aufbegehren berühmt wurde, das den Niedergang der Militärjunta einleitete.

Studenten sind meist liberaler als Behörden. Unis ziehen Intellektuelle, Künstler und andere Freigeister an, die sich nicht von sozialen Normen fesseln lassen. Man könnte Exarchia mit Greenwich Village oder dem Quartier Latin von einst mit seinen Bücherläden, den Stegreiftheatern und seiner linken und langhaarigen Lebenseinstellung vergleichen.

Athener eines gewissen Alters halten die Gegend für gefährlich und meiden sie. Junge Leute und Anwohner lieben den Trubel jedoch, räumen auf ihre Art auf und drängen die Junkies hinaus – sie bauten auf einem leer stehenden Grundstück einen Spielplatz, eröffneten einen Treff, wo Migranten unter Einheimische kommen, hängten auch mal einen Basketballkorb an den Platz. Gibt es Ärger, haben Tavernen und Geschäfte nichts zu befürchten, obwohl sich die Polizei hier nicht blicken lässt. Die Hoodies würden nicht ihr eigenes Nest beschmutzen.

Nachts begegnet man auf dem Platz vielleicht Iranern, die Kebab grillen, Tänzern an einem Lagerfeuer und Menschen aller Altersklassen, die auf den Stufen sitzen und Bier trinken. Nach einer guten Demo mag die Skulptur dreier Amorknaben um eine fünfleuchtige Straßenlaterne im Zentrum mit Trophäen behangen sein wie etwa erbeuteten Polizeihelmen oder Schutzschilden. »Es ist, als sei man im Auge des Sturms«, sagt ein Stammgast.

Adresse Exarchia-Platz an der Kreuzung von Themistokleous und Stournari, Athen 10681 | **ÖPNV** Metro bis Omonia (M 1 und M 2), dann zehn Minuten zu Fuß; Bus 035, 046, 060, 200, A 7 oder B 7 | **Tipp** Die Stournari-Straße ist der Cyber-Souk mit vielen Computerläden, während sich in der Nähe des Platzes Dutzende toller Gaststätten, Bars und Musikclubs befinden.

31 Das Exilmuseum

Die Kunst des Überlebens

Es sieht aus wie eine Notiz auf Papier – bis auffällt, dass es sich um ein Stück Stoff handelt, das sich ein Gefangener aus dem Hemd gerissen hat, um einen Abschiedsbrief zu hinterlassen, bevor seine deutschen Henker ihn zur Hinrichtung verschifften. In diesem Museum wird an die grausame Praxis erinnert, Dissidenten zusammenzutreiben und auf Inseln wie Ai Stratis zu verbannen. Umgeben von anderen Exponaten aus der Lebens- und Leidensgeschichte der Verfolgten, wird die größere Geschichte erzählt – von einem im Kampf gegen einen gemeinsamen Feind vereinten Volk, das dann gegeneinander aufgehetzt wurde.

Wer Ai Stratis besucht hat, mag sich kaum vorstellen, dass dieses schöne ägäische Eiland zwischen Limnos und Lesvos einst genutzt wurde, um politische Gefangene einzusperren – erstmals während der Diktatur unter Metaxas in den 1930ern, dann gegen Ende des Bürgerkriegs und selbst noch 1967–1974 während der Herrschaft der Militärjunta. Dies war nicht das einzige Exil, doch gleich Makronissos, jenem Kerker, in den man Linke zur »Besserung« warf, hat es sich tief in die griechische Psyche gegraben.

Das Museum ist in einem klassizistischen Gebäude untergebracht; vor allem Studenten recherchieren hier. Seit jedoch persönlichere Stücke von ehemals Exilierten und deren Familien gespendet werden, verwandelt es sich in ein Schau-Haus mit dem unbequemen Auftrag, eine Geschichte lebendig zu halten, die viele lieber vergessen würden. Da wären zum Beispiel das Hochzeitskleid einer Braut, die exekutiert wurde, bevor sie es tragen konnte, das Schachspiel aus Brot, ein durch Folterungen blutbeflecktes Hemd. Vor allem aber die Kunst – Skizzen, Gemälde, kleine Ornamente oder Gedichtschnipsel, die Häftlinge kreierten, um sich ein wenig Menschlichkeit zu bewahren. Diese Werke, viele von mittlerweile bekannten Künstlern, bieten einen Einblick in das Leben im Exil. Auch bekannte zeitgenössische Künstler wie Tassos lassen sich hier inspirieren.

Adresse Agion Asomaton 31, Thisio, Athen 10553, Tel. +30/210/3213488 | **ÖPNV** Metro bis Thisio (M1); Bus 25, 26, 54, 227, 813 oder 815 | **Öffnungszeiten** Di–Fr 10–13 Uhr, Sa, So 11–14 Uhr | **Tipp** Wer zwischen den Metrostationen Thisio und Monastiraki unterwegs ist, sollte bei den Straßenverkäufern mit ihrer ausgefallenen Kunst und dem Kunsthandwerk vorbeischauen.

32 Das Fatsio

Der Geschmack der 70er

Der italienisch klingende Name in rotem Neon und die bestickten kurzen Gardinchen beschwören das Bild einer Trattoria herauf, denn Fatsio ist pures »altes« Athen und verströmt noch heute das Flair des Nachkriegsgriechenlands, auch beim Menü, das von der Zeit ebenso unberührt scheint wie das Dekor.

Seit 1969 befindet sich das Lokal hier in Pangrati und hat in dieser Zeit weder seinen Stil noch seinen Namen geändert. Als Georgios Fatsios Mitte der 1960er Jahre nach Griechenland kam und den guten Ruf seines beliebten Istanbuler Restaurants mitbrachte, gründete er mit seiner Erfahrung ein Restaurant im damals schwer angesagten »Kontinentalstil«.

Sein Sohn hat die Atmosphäre perfekt bewahrt, man wähnt sich in die frühen 1970er zurückgebeamt. Erwarten Sie keinen trendigen Schnickschnack – die Karte ist Teil des Ambientes. Das Fatsio wirkt wie eine Zeitkapsel, und sollten die roten Tischdecken, hochlehnigen Stühle und Deko-Wandbilder noch nicht Wink genug sein, macht es spätestens beim geheizten Buffet unter Glas klick. Standards der *polítiki* (Küche des griechischen Istanbul) wie Artischocken mit Zitronensoße, *soutzoukakia* (ovale Fleischbällchen in pikanter Tomatensoße) oder das Rinder-Wrap in Aubergine werden durch Wiener Schnitzel, *noua* (Schwanzstück vom Rind) in Soße – Lieblingsgerichte der alten griechischen Mittelschicht – oder *tyropita*-Töpfe mit Béchamelsoße und Blätterteig ergänzt. Fisch gibt es auch immer: frisch, meist im Topf gegart und nach Art des Hauses mit Mayonnaise serviert.

Die Düfte sind so dezent wie die Beleuchtung, und die Stimmen über den Tischen erheben sich nicht mehr, als nötig ist, um sich zu unterhalten.

Man mag es altmodisch finden, doch der Charme des Fatsio ist nicht verblasst, und schon gar nicht derjenige der Stammkundschaft vom Typ pensionierter Diplomat, Professor, Politiker oder Schriftsteller, die den Sonntagslunch hier noch aus der Kindheit kennt.

Adresse Efroniou 5, Athen 11634, Tel. +30/210/7217421 | **ÖPNV** Metro bis Evangelismos (M3); Bus 54, 203, 204, 250 oder 732 | **Öffnungszeiten** täglich 11–18 Uhr | **Tipp** Der griechische Dichter Kostas Varnalis, ebenfalls Stammgast, wohnte die letzten 17 Jahre seines Lebens um die Ecke in Spyrou Mercouri 27.

33_Die Felsrutsche

Sicher in die Schwangerschaft

Verständlicherweise zieht es Besucher zur Akropolis. In der Antike jedoch waren die anderen drei Hügel von gleichrangiger, wenn nicht größerer Bedeutung. Am wenigsten Beachtung findet heute der Nymphenhügel, auf dem auch das 1842 gebaute Nationalobservatorium liegt. Diese Erhebung ist jedoch auch jene, die konstant in Gebrauch war. Im Altertum standen hier Tempel für Pan und Apollon, in jüngerer Zeit boten ihre Höhlen Wasser und eine Fluchtroute für Verteidiger, die sich auf der Akropolis verschanzt hatten. Im Mittelalter wähnte man hier nicht die Nymphen, sondern die Schwestern Pest, Cholera und Pocken zu Hause – was erklären mag, warum die Griechen die Leichen der zum Tode Verurteilten von der Klippe stießen.

Über die Jahrtausende jedoch bestand der Wert des Hügels nicht in seinem Panoramablick, sondern im Stein. Durch das 19. Jahrhundert hindurch wurde der Marmor – illegal – gebrochen. Die Felsen sind mit entsprechenden Narben übersät. Bis auf einen: die »Felsrutsche«.

Der glatte Felsblock befindet sich ein paar Meter entfernt von der Kirche Agia Marina aus dem 11. Jahrhundert (heute überwiegend unterirdisch und nur durch die größere Kirche zugänglich). Schwangere Frauen »rutschten« die glatte Oberfläche des Felsblocks hinunter, um eine sanfte Geburt sicherzustellen. Dies war ein Brauch, der in der Mythologie und der Orthodoxie wurzelte: Die heilige Marina gilt als Schutzheilige der Kinder. Auch rieben sich kinderlose Frauen am Fels, um schwanger zu werden.

Die beste, wenn auch nicht schnellste Route zur Agia Marina und dem Felsen ist der gepflegte Weg von der Dionysiou Areopagitou an der Agios Dimitrios Loubardiaris vorbei und von dort in Richtung Sternwarte. Rechts verläuft ein 500 Meter langer Fußpfad, der sich zwischen Pinien hochwindet. Es handelt sich um die Koile-Straße, einen erst jüngst ausgegrabenen Abschnitt einer alten Straße, die Athen mit Piräus verband.

Adresse Lofos Nymfon, Athen 11851 | **ÖPNV** Metro bis Thisio (M 1) | **Öffnungszeiten** täglich 8–15 Uhr (außer an Feiertagen) | **Tipp** Seit der Antike, als der Astronom Meton sein Heliotropion, eine Sonnenuhr, einrichtete, wird von diesem Hügel aus der Himmel beobachtet. Nahe dem Steilhang, an dem Zeus verehrt wurde, sind die Spuren der Sonnenuhr noch zu sehen.

34 Das Filmarchiv

Schätze des hellenischen Silver Screen

Was hat ein Windbeutel mit griechischer Politik zu tun? Ein Hinweis findet sich an den Wänden des Griechischen Filmarchivs, wo das Standbild eines verarmten Professors, der einem Kellner das Dessert pantomimisch vermittelt, neben Bildern von anderen großen Momenten des griechischen Kinos hängt, die zahllose Internet-Memes über aktuelle soziale und politische Probleme befeuern.

Die griechische Identität wurzelt in der Vergangenheit; selbst die Popkultur bezieht sich auf Filme aus den 1950ern und 1960ern. In der von Instagram bestimmten Gegenwart machen sie genauso viel her wie die Antike. Es ist nicht Nostalgie, die bei Filmen wie »Beating Hearts at School Desks« über Generationen hinweg die Herzen höherschlagen lässt, sondern die Protagonisten und ihre Probleme in den Schwarz-Weiß-Filmen der sogenannten goldenen Ära sind weiterhin Metaphern für Erfahrungen von heute, selbst für die jüngeren Generationen, die mit amerikanischer Fernsehkost aufgewachsen sind.

Darum ist dieses Archiv nicht nur ein Lager für 4.000 griechische und ausländische Filme, 2.000 Stills und 5.000 Originalplakate, Skripte, Kostüme und Requisiten, sondern auch ein Spiegel der griechischen Gesellschaft, der sowohl ihre jüngere Vergangenheit als auch ihre Gegenwart reflektiert, eine Popkultur, die dem Autorenkino von Nikos Koundouros oder Theodoros Angelopoulos nacheifert, sich zugleich aber an den Keckheiten des Comedians Thanassis Vengos ergötzt.

Das 1950 gegründete Archiv fungiert als Aufbewahrungsort sowie als Filminstitut und ist heute im Kino Lais untergebracht. Mit 600 Sitzen ähnelte das Kino im Baujahr 1948 einem Multiplex, es verfiel jedoch, als der Fernseher das Publikum ans traute Heim fesselte. Das Lais wurde in ein Kulturzentrum umgewandelt. Hier finden regelmäßig Festival-Screenings statt, aber auch Vorträge. Das 2.000 Quadratmeter große Haus umfasst vier Ebenen, darunter eine Dachterrasse, die im Sommer Freiluft-Kino bietet.

Adresse Iera Odos 48 und Megalou Alexandrou 134–136, Kerameikos, Athen 10435, Tel. +30/210/3609695 | ÖPNV Metro ab Kerameikos (M 3); Bus 26, 27, 813, 836, 856, 865 oder A 16 | Öffnungszeiten verschieden, je nach Screenings; Programm auf der Website (www.tainiothiki.gr) oder telefonisch | Tipp Das Kino Ideal (Panepistimiou 46) ist das älteste in Betrieb befindliche Lichtspielhaus der Stadt: Es eröffnete 1922.

35 Die Galerie Eleni Marneri

Ätherischer Glanz

Schon immer liebten die Griechen Schmuck, trugen ihn seit Jahrtausenden, um Schönheit zu betonen, den sozialen Status anzuzeigen oder sich gegen das Böse abzusichern. In mehreren Museen der Hauptstadt sind Beispiele aus der Bronzezeit, aus der mykenischen, hellenistischen und byzantinischen Kultur zu bestaunen. Die meisten wissen jedoch nicht, dass es auch eine Ausstellung von zeitgenössischem Schmuck von griechischen Designern gibt.

Ganz in der Nähe des Akropolismuseums liegt in einer winzigen Straße, die man nur findet, wenn man sich verläuft, die Galerie Eleni Marneri, die nach ihrer visionären Inhaberin benannt ist. Seit 30 Jahren wird hier moderner griechischer Schmuck ausgestellt. Schon bevor man diesen urbanen, vornehmen und eleganten Schauort betritt, beginnt der Eintritt in eine Welt der Kontraste zwischen Vergangenheit, Gegenwart und Zukunft mit einem Blick durch den Glasboden unterhalb der Ladenfassade, unter dem sich ein altes Mosaik befindet. Das Gebäude steht auf den Grundfesten einer »villa urbana« aus der Zeit des späten geometrischen Stils bis zur Spätantike; Teile sind auch durch den Galerieboden zu sehen.

Drinnen herrscht eine ätherische Aura, die von der verblüffenden, jedoch harmonisch präsentierten Vielfalt an kreativen Schätzen herrührt, die von verträumten Schwaden purer Aromen wie Orangenblüte oder Rose umweht werden. Sie stammen von den Düften aus der Manufaktur der florentinischen Kirche Santa Maria Novella, die auf einem Regal stehen.

Komplexe moderne Exponate, manche mit funkelnden Steinen wie Rubinen, Aquamarinen oder Diamanten, ziehen die Blicke auf sich. Bunte Aluminium-Sardinen schwimmen über eine Wand. Überall stößt das Auge auf Stücke, die die Visionen und die persönlichen Geschichten der Künstler spiegeln, die sie herstellten. Alle Stücke, von spacigen Metallen bis zu filigranen Papierfedern, von Blüten bis zu Tribalschmuck aus Holz, sind einzigartige Kunstobjekte, viele stehen zum Verkauf. Auch kostenlose Führungen werden angeboten.

Adresse Lebessi 5, Makriyanni, Athen 11742, Tel. +30/210/8619488, www.elenimarneri.com | **ÖPNV** Metro bis Akropolis (M2) | **Öffnungszeiten** Di, Do, Fr 11–20 Uhr, Mi, Sa 11–16 Uhr | **Tipp** Nur ein paar Türen weiter stößt man auf Solebike, von wo man sich auf E-Bikes (über Kopfhörer kenntnisreich und freundlich angeleitet) durch das antike und moderne Athen führen lassen kann.

36 Die Gärten von Kaisariani

Wildnis auf dem Hymettus

Der Hymettus, sagenumwobener Berg im Osten Athens, mutet dicht bewaldet an. Im Jahr 1945 allerdings ist hier vom Wald nichts weiter übrig gewesen als Stümpfe. Die hungernden Athener hatten alle Bäume gefällt, um sich während der Nazi-Besatzung im Winter warm zu halten. In diesem Jahr machte sich Katy Argyropoulou, Präsidentin der »Baumfreunde« (*Philodassiki*), einer 1899 gegründeten Organisation, an ein Wiederaufforstungsprogramm. Innerhalb eines Jahrzehnts wurden auf über 600 Hektar drei Millionen Bäume gepflanzt; auch das verlassene Kloster aus dem 11. Jahrhundert an den unteren Hängen wurde von den »Freunden« restauriert.

Das Maria gewidmete Ordenshaus auf den Ruinen eines Aphrodite-Tempels ist heute ein Beispiel byzantinischer Architektur. Es steht auf einem Gebiet mit drei Quellen, deren eine vor dem Bau des Marathon-Dammes 1929 einen Großteil zur Wasserversorgung Athens beitrug.

In den 1960ern legten die Freunde neben dem Kloster einen botanischen Garten an. Seither hat er mit seinen 400 Arten vor allem aus Kreta und von der Peloponnes zuzüglich einiger schon zuvor dort wachsender »Aliens« aus Australien und dem Libanon mehrere Preise gewonnen und ist als einer der »historischen Gärten« der EU anerkannt.

Einige der unscheinbareren Sträucher mögen nur Botaniker interessieren, die hufeisenförmige Anlage auf den Steilhängen einer Schlucht ist jedoch zu jeder Jahreszeit eine Freude. Die Pflege des Gartens ist eine echte Herzensangelegenheit, denn das Jäten im Winter und das Gießen im Sommer wird nur von Hand erledigt. Ansonsten sind die Gewächse sich selbst überlassen. »Pflanzen sind totale Neurotiker, wachsen nur, wo sie wollen«, sagt der Kurator. »Dies ist ein natürlicher botanischer Garten, kein fein säuberlich geordneter wie die anderen, die man so kennt.«

Seine friedliche Atmosphäre und die herrlichen Ausblicke bieten stadtmüden Athenern und Besuchern eine Zuflucht.

Adresse Kloster Kaisariani auf dem Hymettus, Attica 16122, Tel. +30/210/7220866, +30/210/7231769, www.philodassiki.org | **ÖPNV** Bus 223 oder 224 ab Kanningos-Platz bis zum oberen Bezirk Kaisariani, dann zehn Minuten zu Fuß oder Taxi | **Öffnungszeiten** Mo–Sa 8.30–13.30 Uhr; kein Eintritt, Spenden willkommen; nach Absprache Führungen für zwei oder mehr Personen; der Garten steht Spaziergängern immer offen | **Tipp** Der botanische Garten betreibt vor Ort auch eine Gärtnerei mit 120 ausschließlich griechischen Pflanzen, die ohne Chemie oder Dünger gezogen werden.

37_Govosti

Tsipouro statt Tee

Die Fassade in dieser engen, graffitibeschmierten Straße, die quer durch Exarchia führt, mag das Fenster zu den Lesern sein. Dass Govosti jedoch ein Verlag ist und kein Buchladen, zeigt sich an den Öffnungszeiten, die um 15 Uhr enden. In seiner über 90-jährigen Geschichte hat der Verlag genügend Spuren hinterlassen, um sich ein bisschen exzentrisch geben zu können – von Govosti wurden nicht nur die russischen Schriftsteller eingeführt, sondern auch die gefeiertsten Autoren Griechenlands veröffentlicht. Das handgezeichnete Logo (eindeutig geprägt von sowjetischer Ästhetik) ist vielen vertrauter als viele Autorennamen.

Kostas Govostis fand seinen Weg ins Verlagsgeschäft, indem er sein erstes Buch – Dostojewskis »Traum eines lächerlichen Mannes« – 1926, mit 22 Jahren, nach Feierabend zu Hause produzierte. 1936 hatte sich der Hinterzimmerverlag zu einem kleinen Unternehmen gemausert, das in ein Kellergeschoss am Kanningos-Platz zog, ergänzt um eine Buchbindeabteilung.

Politik gab von Beginn an den Ton an und prägte Generationen griechischer Leser. Der Schwerpunkt auf russischer Literatur und marxistischen Schriftstellern zog Intellektuelle an, Autoren wie Mimis Karagatsis, Napoleon Lapathiotis, Angelos Sikelianos, Kostas Varnalis, Nikos Engonopoulos oder Yannis Ritsos, die sich dort regelmäßig trafen, verliehen dem Haus eine literarische Aura. Der politische Fokus führte aber auch zum Zusammenstoß mit der Diktatur unter Metaxas: Govostis wurde ins Gefängnis geworfen und seine Bücher verbrannt. Das war jedoch nicht das Ende. 1951 verwendete Govostis als Erster die vereinfachte sogenannte »monotonische Orthografie« – eine Entscheidung, die aufgrund der gesellschaftlichen Bedeutung der neuen Rechtschreibung sowohl fortschrittlich als auch umstritten war. Nach seinem Tod 1958 blieb der Verlag in der Familie; eine neue Generation brachte neue Ideen wie Samstagnachmittagssalons mit Tsipouro statt Tee mit. Unter dem glatteren heutigen Look jedoch liegt der Staub der Geschichte.

Adresse Zoodohou Pigis 73, Athen 10681, Tel. +30/210/3822251 | **ÖPNV** Metro bis Panepistimio (M 2); Bus 11, 290, A 2 oder A 3 | **Öffnungszeiten** Mo–Fr 9–15 Uhr | **Tipp** Schauen Sie bei den ungewöhnlichen Ikonen im Renaissancestil vorbei, die sich in der Kirche Zoodochos Pigi (»lebensspendender Quell«) am Ende der Straße Akadimias befinden.

38 Das Grab des Patriarchen

Irrfahrt nach dem Märtyrertod

Am Ostersonntag 1821, einen Monat nachdem die Griechen ihre Unabhängigkeit von den Osmanen erklärt hatten, fiel Patriarch Gregor V. in Konstantinopel einem Attentat zum Opfer. Obwohl er die Erklärung verdammt hatte, weil er Repressalien gegen seine Gemeinde fürchtete, verhafteten ihn die Türken nach der Messe, hängten in und ließen ihn in seinen Goldgewändern zwei Tage lang vor dem Patriarchat baumeln. Dann wurde seine Leiche durch die Straßen geschleift und in den Bosporus geworfen. Ein griechischer Matrose erkannte den Körper, rettete ihn aus dem Meer und segelte mit ihm nach Odessa, wo er beerdigt wurde.

50 Jahre später bot die russische Regierung die Knochen dem König von Griechenland zur Neubestattung an. Um eine Beleidigung des Sultans zu vermeiden, mussten die Überreste unter Vermeidung von osmanischem Gebiet, was den Balkan einschloss, über Land transportiert werden. Dem griechischen Botschafter Alexandros Rangavis gelang es, den Großwesir zu überreden, die Knochen durch den Bosporus direkt nach Athen zu transportieren. Ursprünglich glaubte der Wesir, sie gehörten nach Konstantinopel, doch Rangavis wies darauf hin, dass ein solcher Schrein unwillkommene Horden von orthodoxen Pilgern anziehen würde. In Athen würde ihre Ankunft zwar mit Begeisterung, Hymnen und Beschimpfungen der Türken einhergehen, aber die Aufregung würde schnell vergessen sein.

Rangavis arrangierte eine verdeckte Operation, sodass das Schiff nicht entdeckt würde; seine Anweisungen wurden ignoriert, aber clevere Diplomatie sicherte den Frieden.

Schließlich wurde der Sarkophag mit großem Pomp in der Kathedrale aufgestellt, doch Rangavis behielt recht. Nur wenige wissen heute noch davon. Weißer Marmor mit goldenen Ornamenten stellt den Sarg in einem Boot dar, das zwei Engel vor schwarzblauem Hintergrund steuern, den Doppelkopfadler von Byzanz und die Mitra des Patriarchen.

Adresse Kathedrale Mariä Verkündigung, Mitropoleos, Athen 10556, Tel. +30/210/3221308 | **ÖPNV** Metro bis Syntagma (M 2 und M 3) oder Monastiraki (M 1 und M 3), dann fünf Minuten zu Fuß | **Öffnungszeiten** täglich 6.30–19 Uhr | **Tipp** Die Kleine Mitropolis, eine Kirche aus dem 12. Jahrhundert, die auf dem ehemaligen Standort eines antiken Tempels errichtet wurde und in die Tafeln und Artefakte aus frühchristlichen Kirchen mit eingearbeitet wurden, hat weit mehr Charme als die riesige Kathedrale aus dem 19. Jahrhundert daneben.

39_Guarantee

Das Wunsch-Sandwich

Vielleicht sieht man eine kleine Menschenschlange, die von diesem kleinen Laden bis auf die Straße reicht, und fragt sich, was es mit all der freudigen Erwartung in den Gesichtern auf sich hat. Ohne den Auflauf wäre man garantiert ohne einen zweiten Blick vorbeigegangen, so unscheinbar ist das Lokal.

Die Glastheke des Guarantee, das 1988 eröffnete, ist vollgepackt mit einer Unzahl von Deli-Zutaten in Topqualität (130, um genau zu sein). Es gibt schwarze Trüffelsalami und Roastbeef, medium rare, 25 Käsesorten aus ganz Griechenland und dem Ausland, hausgemachten Graved Lachs, frisch zubereitetes Fleisch oder Veggie-Burger, Omelettes, Rührei, karamellisiertes, mariniertes oder gegrilltes Gemüse, daneben Chutneys, Senfsorten, Aufstriche oder Meerrettich. Die zehn Brotsorten stammen aus benachbarten Bäckereien wie Takis, eine der besten Athens. Nur der Himmel gibt die Grenze vor, wenn es um die Zahl der Kombinationen geht, die man sich hier zusammenzaubern kann. Alles hängt ab von der Phantasie der Kunden, ihrem Appetit und Sandwich-Know-how. Die perfekte Begleitung zu den Sandwiches sind die frisch gepressten Frucht- oder Gemüsesäfte.

Die Atmosphäre ist so entschleunigend retro wie herzlich und familiär (und doch hoch professionell). Den Laden schmeißt tatsächlich eine Familie – Yiannis and Haroula, deren Romanze so intensiv verlief, dass er die Marine verließ und dieses Unternehmen gründete. Die beiden benannten ihr Geschäft nach dem Wort, mit dem Haroulas T-Shirt bedruckt war.

Obwohl ein paar Nachahmer nun dasselbe Konzept in Hochglanz anbieten, bleibt dies ein Fast-Food-Imbiss (auch wenn es eher langsam zugeht) wie kein zweiter in der Hauptstadt – und sogar im weiteren Umkreis. Hier begegnet man allerlei Kundschaft; die Gourmet-Abenteurer stellen die verschworene Mehrheit. Oft hört man, wie Fremde miteinander über ihre Kreationen diskutieren, während sie noch Schlange stehen.

Adresse Veikou 41, Koukaki, Athens 11742, Tel. +30/210/9226924, www.toguarantee.gr | **ÖPNV** Metro bis Syngrou Fix (M2) | **Öffnungszeiten** Mo – Sa 9 – 17 Uhr | **Tipp** In Veikou Nummer 57 steht die verfallene Heimstatt einer jungen Widerstandsheldin des Zweiten Weltkriegs: Iro Konstandopoulou, damals ein Teenager, die drei Wochen SS-Folter überstand, bevor sie mit 17 Kugeln hingerichtet wurde, eine für jedes Lebensjahr. Sofort nach Kriegsende kam ganz Koukaki zu ihrem Gedenkgottesdienst.

40 Das Handlebar

Partys und Pedale

Griechenlands erstes Cyclistencafé entstand kurz nach der Eröffnung eines Fahrradgeschäfts, dem Vicious Bicycles Athens oder VCA nebenan, in einer Zeit, in der die Athener ihre teuer zu unterhaltenden PS-Kutschen in der Garage ließen und sich auf den Sattel setzten. Der Wohlfühlfaktor durch die sportliche Betätigung sorgte für Nachwuchs in der wachsenden Community. Außerdem kam man oft schneller durch den verstopften Stadtverkehr, während man zudem reizvolle Abkürzungen durch Seitenstraßen entdeckte.

Während der Radladen sich der Reparatur widmete, hingen die Kunden draußen herum, plauderten, nippten an Kaffee oder Bier aus Pappbechern. So ergab es sich quasi von selbst, ein aufgegebenes »kafeneion« zu übernehmen und es in »The Handlebar« zu verwandeln, eine belebte Café-Bar, die bis heute bei Pedalefreaks als Institution gilt.

Das gemütliche Miniatur-Interieur weist Vintage- und rebellische Elemente auf. Die Wände sind halb in Lavendel gestrichen, halb sieht man nackte gelbe Ziegel. Dazu gehört eine Minimalisten-Bar mit schwarzen Fliesen und Metallhockern sowie ein paar Tische draußen. Die warme Atmosphäre bringen die Massen mit, die sich hier einfinden. Früher gab es in diesem lebhaften Lokal in der winzigen Straße Melanthiou eine geschätzte Karte mit üppigen Brunches und veganen/vegetarischen Specials. Aufgrund der angespannten Wirtschaftslage werden heute nur noch Smoothies, Säfte, Kaffee, griechischer Kräutertee und viel Bier serviert, alles zu günstigen Preisen.

Das Motto lautet: Partys und Pedale. Es finden wöchentliche Events wie der Punk-Mittwoch statt, freitags bringt ein DJ die Straßen zum Tanzen. Cyclisten planen hier Touren (weniger als früher, trotz der Schaffung von Radwegen in Attika ist die Stadt generell zu unsicher für Drahtesel, weshalb der Trend lahmt) und fachsimpeln über ihr Hobby. Das extrem freundliche Ambiente zieht jedoch vielfältige Gäste an.

Adresse Melanthiou 8, Psyrri, Athen 10554, Tel. +30/211/4093002, www.handlebar.gr | ÖPNV Metro bis Monastiraki (M 1 und M 3) | Öffnungszeiten täglich 12–24 Uhr | Tipp Weniger als zehn Gehminuten entfernt in der Straße Karaiskaki findet man The Impact Hub, den idealen Ort, um den Tag in einer ruhigen, gemeinschaftlichen Arbeitsatmosphäre zu verbringen und sich mit kreativen oder Business-Profis zu connecten (zehn Euro pro Tag).

41 Das Haus der Musik

So klingt Griechenland

Die meisten Besucher, die sich Fivos Anoyanakis' Sammlung von 1.200 Instrumenten aus der traditionellen Musik im Museum der Volksmusik ansehen, sprechen begeistert von einer »großen Überraschung«. Das in einem renovierten Anwesen von 1842 untergebrachte kleine Museum (mit einem Garten voller großer Schildkröten, die zur Museumsfamilie gehören) ist nicht auf den Touristengeschmack ausgerichtet und auch sonst eher ungewöhnlich. Seine drei Ebenen präsentieren eine unglaubliche Auswahl an Instrumenten, die nach den Vibrationen, die sie erzeugen, eingeteilt sind (Membranofone, Idiofone, Aerofone und Chordofone).

Es gibt eine Vielzahl an Schautafeln, Foto- und Videopräsentationen, die sich mit diversen Epochen und verschiedenen Teilen Griechenlands befassen und den Besuchern ein tieferes Verständnis vom Gebrauch und der Geschichte der Instrumente vermitteln.

Am aufregendsten: Über Kopfhörer kann man sich auch den Klang jedes einzelnen Instruments anhören. So erfährt man nicht nur, wie sie klingen, sondern auch, welche Art von Musik auf ihnen gespielt wird – was den Lauschenden in verschiedenste Regionen und Stimmungen entführt: von Dudelsäcken aus Ziegenmägen, die typischerweise in den Alpendörfern erklingen, bis zur Baglamas-Gitarre, die in verrauchten Kellern zum Rembetiko (eine Art griechischer Blues) ertönt. Die handgearbeiteten Stücke nehmen Sie mit auf eine Reise durch Hellas' kulturelles Erbe.

Der leidenschaftliche Musikliebhaber Anoyanakis stiftete nach 50 Jahren des Forschens und Schreibens über Musik seine gesamte Sammlung dem Staat.

Er begann als Geigenstudent und wurde später ein angesehener Musikkritiker in der nationalen Presse, während er sein Studium moderner und traditioneller griechischer Genres fortsetzte. Er war jedoch nicht nur Schreibtischtäter, sondern führte im ganzen Land Feldforschungen durch und sammelte Aufnahmen, die er zu akademischen Zwecken mit nach Hause brachte.

Adresse Diogenous 1–3, Plaka, Athen 10556, Tel. +30/210/3250198, www.melt.gr | **ÖPNV** Metro bis Thisio (M 3) oder Monastiraki (M 1 und M 3) | **Öffnungszeiten** Di–So 8–15 Uhr | **Tipp** Kürzlich wurde nach 200 Jahren der achteckige »Turm der Winde«, die erste, 2.000 Jahre alte Wetterstation der Welt, wiedereröffnet. Wie sie funktionierte, bleibt ein Rätsel, da der Turm während der römischen Herrschaft geplündert wurde.

42 Die Häuser der Königin

Vom Elendsviertel zum Alpendorf

Viel Beachtung schenken Touristen dem Viertel Petralona nicht – manche schwappen von den Bars in Thisio herüber. Ein Spaziergang entlang der Ringstraße Philopappou bietet jedoch einen kuriosen Anblick: eine Anhäufung von zweistöckigen Steinhäuschen mit Holzverkleidung, Eisengeländern und Ziegelschornsteinen, eigentlich Markenzeichen alpiner Architektur.

Die Geschichte einer Stadt erzählt sich über ihre Bauten. An den während der 1950er errichteten gut 160 Häusern sieht man vielleicht den frühesten Versuch einer Gentrifizierung. Tätig waren jedoch nicht die Einwohner, sondern die Wohlfahrt unter Königin Friederike, Enkelin von Wilhelm II. und wahrscheinlich die umstrittenste Monarchin Griechenlands. Die Siedlung wurde für rund 800 Flüchtlingsfamilien gebaut, die zusammengedrängt in einem Elendsviertel innerhalb des stillgelegten Steinbruchs am Hügel Philopappos hausten – ein Anblick, der Friederike bekümmert haben soll, da er mit dem gewünschten Image vom Nachkriegsgriechenland nicht zu vereinbaren war. Viel Stein stammte vom Abriss der ehemaligen Marineakademie in der Nähe; das Holz entnahm man den Hängen des Hügels.

Jedem Haus wurden 55 Quadratmeter, zwei Stockwerke und ein eingeschlossener Hof zugemessen. Zusätzliche Behausungen für Flüchtlinge wurden 1967 von einem Ministerium angeordnet. Diese sind ein bemerkenswertes Beispiel für die Architektur der 1960er. Der von Elli Vasilikioti für geringverdienende Familien entworfene Komplex ist vier Etagen hoch und die Apartments durch Korridore im Freien miteinander verbunden. Geht man zur Ecke, fällt ein ungewöhnlicher Effekt auf: Das Gebäude folgt der Kurve des Hügels.

Viele Griechen glauben, der Name Petralona leite sich vom Stein (»petra«) her, den man einst zum Korndreschen verwendete. Alteingesessene meinen jedoch, der Name komme von Steinwurfspielen der Jungen gegen die Rangen der Nachbarbezirke.

Adresse Gegend um die 77. Grundschule (Odos Troon), Iperionos, Navarhou Voulgari und Stisikleous, Athen 11852 | ÖPNV Metro bis Thisio (M1), dann 5 Minuten zu Fuß | Tipp Im mittlerweile hippen Bezirk Petralona wurde Alekos Alexandrakis' Film »Synikia to Oneiro« von 1961 (deutscher Titel »Traumviertel«) gedreht, den man stark zensierte, weil er das Elend der Stadt zeigte.

43__Das HMM

Wahnsinn mit PS

Gerät die Sammlung von Vintage-Kutschen außer Kontrolle und fehlen Stellplätze, ist es praktisch, wenn man im Immobiliengeschäft tätig ist. Man baut ein Einkaufszentrum und platziert seine Jaguare, Rolls-Royces, Cadillacs, Lancias und Maseratis in den oberen Etagen. Theodore Charagionis besitzt rund 300 Fahrzeuge; etwa die Hälfte davon ist in seinem Hellenic Motor Museum zu sehen.

Die ausgestellten Karossen sind Kunstwerke und die Besessenheit ihres Eigentümers ansteckend. Es steigt auch Bewunderung für die Designer auf und gerührte Sehnsucht nach den Automobilen des 20. Jahrhunderts, die sich von Kisten auf Rädern in schnittige Flitzer verwandelten. Jedes Auto hat seine eigene Geschichte, die im Museum erzählt wird.

Die Wagen sind in chronologischer Reihenfolge auf drei Etagen zu besichtigen, beginnend mit dem Ford Model N von 1908 und endend mit einer ganzen Flotte von meist roten italienischen Sportwagen. Um hinzukommen, nimmt man den Aufzug oder erklimmt den spiralförmigen Anstieg – nach dem Vorbild des New Yorker Guggenheim Museums – und lässt sich unterwegs von der Geschichte des Rades (mit 72 Beispielen) unterhalten. Das Museum selbst beginnt mit der exakten Nachbildung einer frühen Reparaturwerkstatt, untermalt mit Musik aus den 1930ern, schon ist man »in the mood«.

Charagionis sagt, er sei seit der Jugend in Autos verliebt und sei mit ihnen – ohne Wissen seiner Eltern – bis zur Geburt seines ersten Kindes 1977 Rennen gefahren. Dann entschloss er sich, sie zu restaurieren. Als er dieses Gebäude hochzog, wollte er auch die Location veredeln. Nachdem er sie mit einem bepflanzten Hof umgab, was Hauseigentümer dazu bewog, ihre Fassaden herauszuputzen, und ein Wasserspiel anbrachte, das den Straßenlärm dämpft, erhielt er 2013 einen Preis als verantwortlich handelnde Firma.

Am Victoria-Platz mag man nicht gerade Auto-Raritäten erwarten; aber wer hätte in Athen überhaupt mit ihnen gerechnet?

Adresse Triti Septemvriou und Ioulianou 33 – 35, Victoria-Platz, Athen 10433, Tel. +30/210/8816187, +30/210/7279999, www.hellenicmotormuseum.gr | ÖPNV Metro bis Victoria-Platz (M 1), dann fünf Minuten zu Fuß | Öffnungszeiten Mo – Fr 10 – 14 Uhr, Sa, So 11 – 18 Uhr | Tipp In der Gegend um den Victoria-Platz leben viele Flüchtlinge. Hier wimmelt es von Multikulti-Imbissen, beginnend mit einer georgischen Bäckerei auf der anderen Straßenseite.

44_Johannes auf der Säule

Von den Heiden geklaut

Viele griechische Kirchen, vor allem die frühen, wurden aus Material von zerlegten prächristlichen Tempeln oder am ehemaligen Standort archaischer Gebetsstätten gebaut. Ai Yannis jedoch, eine kleine Kirche eingezwängt zwischen den Gebäuden der Evripidou-Straße, mutet an wie aus einem Guss. Wie sonst wäre die Marmorsäule mit dem korinthischen Kapitell zu erklären, die aus dem schrägen Ziegeldach ragt?

Das Gotteshaus ist eines der ältesten Athens und stammt aus dem 5. oder 6. Jahrhundert. Es steht auf einem alten Tempel des Asklepios, des Gottes der Heilung. Dieser Tradition folgend, widmete man sie Johannes dem Täufer, ebenso ein Heiler. Man könnte vermuten, beim Kirchenbau sei die Säule so fest eingebettet gewesen, dass man sie nicht habe entfernen können.

Die Lokalfolklore liefert eine andere Erklärung. Gegen Ende seines Lebens habe Johannes auf der Säule bestanden, um Krankheiten abzuwehren. Die Gläubigen hätten drei Knoten in ein Band gemacht, dieses an der Säule befestigt und dazu ein Gebet angestimmt, in dem sie den Heiligen baten, sie »aus der Krankheit zu entlassen«. Die Story stimmt weder mit simpler Mathematik noch mit dem christlichen Dogma überein (da recht heidnisch), aber sie hat Charme.

Selbst mit Säule ist die Basilika jedoch leicht zu übersehen. Sie steht von der Straße zurückgebaut in einem kleinen Hof, dessen Bäume das Gebäude oft beschatten, manchmal sogar das Tor. Die Schindeln und Dachplatten erinnern eher an ein Dorfhaus als an eine Kirche – außer an Festtagen, wenn hier alles mit Flaggen und orthodoxen Insignien übersät ist. Das hölzerne Templon trägt zum ländlichen Charakter bei. Weder schön noch schmuck, ist die Kirche mit Ikonen einer ganzen Legion von Heiligen vollgestellt. Sie sind es jedoch nicht, zu denen die Menschen beten, sondern die Säule. Bis heute binden Fromme Schleifen um ihren Sockel, um den Täufer gnädig zu stimmen.

Adresse Evripidou 70, Psyrri, Athen 10554 | **ÖPNV** Metro bis Monastiraki (M 1 und M 3); Bus 35, 227 oder 500 | **Öffnungszeiten** sonntagmorgens, Mo–Fr morgens und an orthodoxen Feiertagen | **Tipp** Beim Kerzenmacher Trakas (Aristofanous 28) lässt sich ein Blick darauf erhaschen, wie Kirchenkerzen aus riesigen Fässern voll geschmolzenem Bienenwachs geformt und in Reihen am Docht zum Trocknen aufgehängt werden.

45 Die Jungfrau von Athen

Rätsel um Byrons Mädchen

»Jungfrau von Athen, hier müssen wir voneinander gehn«, lautet die Eröffnungsstrophe des häufig zitierten Gedichts »Maid of Athens« von Lord Byron, dessen lyrisches Ich einer namenlosen Athenerin seine inbrünstige Liebe gesteht. Während die Identität der Schönen nie wirklich ein Geheimnis war, gab es kleinere, lokal begrenzte Kontroversen über ihren Wohnort.

Byrons »Jungfrau« war niemand anderes als Teresa Makri, die Tochter einer Witwe, bei der der Dichter kurz logierte (nach einigen Berichten skandalöse zwölf Jahre jung). Makri wuchs zu einer gefeierten Schönheit heran – nach einer Beschreibung eine »zum Leben erwachte Artemis« –, heiratete einen britischen Offizier und starb 1875 traurigerweise in Armut.

Makris Identität stand kurz in Zweifel, da Byron erklärte, in alle drei Töchter der Witwe verliebt gewesen zu sein. Wirkliche Uneinigkeit herrscht jedoch über den Standort des Hauses, in dem Byron dem Mädchen erstmals 1797 und dann immer wieder bei Aufenthalten 1809 und im Februar und Juli 1810 begegnete. Nach den meisten Angaben handelte es sich bei der Adresse um Nummer 14 Agias Theklas. Leider stürzte das Gebäude nach Jahrzehnten des Leerstehens in den 1970ern ein.

Das Grundstück ist noch immer unbebaut, wahrscheinlich bringt es als Parkplatz mehr ein. Nicht jeder jedoch hält dies für den Wohnort der Familie Makri. Eine Zeichnung, die ihr Heim darstellen soll, zeigt ein Eckhaus, was das Gebäude ein paar Meter von der »offiziellen« Stelle fortrücken würde. Die zweistöckige Wohnung in der Illustration wirkt auch kürzer als das Grundstück Nummer 14. Andere verwerfen dies als Versuch, die Immobilie aufzuwerten. Es besteht jedoch kein Zweifel daran, dass die Familie Makri in diesem Block lebte.

Teresa wurde in der Kirche Agia Eleousa getauft, die inzwischen vom Gebäude des Gerichts an der Adresse Nummer 4 Agias Theklas umschlungen wird. Teresas Vater ist hier begraben.

Adresse Agias Theklas 14, Psyrri, Athen 10554 | ÖPNV Metro bis Monastiraki (M 1 und M 3) | Tipp Halten Sie zwischen den Exponaten des Benaki-Museums Ausschau nach Teresa Makris kleiner roter Mütze.

46 Kallirhoe Parren

Die vergessene Suffragette

Eine Tour zu den Gräbern des »Ersten Friedhofs Athens« ist wie ein Spaziergang durch die moderne griechische Geschichte, da die meisten ihrer führenden Gestalten hier begraben sind. Daher wird er oft in Stadtführern erwähnt. Meist wird auf die Skulptur des Bildhauers Yannoulis Halepas, »Schlafende Jungfrau«, Denkmal für ein 18-jähriges Tuberkuloseopfer, verwiesen. Seltsamerweise wird kaum je Kallirhoe Parren erwähnt, jene Frau, die an ihrem Sterbebett saß und deren Grab nur ein paar Meter entfernt ist – ein interessantes Versehen.

Die 1861 in Rethymno auf Kreta Geborene wuchs ab dem siebten Lebensjahr in Athen auf. Sie machte ihren Abschluss an einer französischen Schule, studierte auf Lehramt und übte diesen Beruf an einer Schule in Odessa kurz aus. Als sie nach Griechenland zurückkehrte, hatte sie sich als Journalistin einer der ersten Frauen-Zeitungen Griechenlands einen Namen gemacht. Zweifellos förderte ihr Ehemann Ioannis Parren, ein Grieche aus Konstantinopel mit französischem und britischem Hintergrund, Gründer der staatlichen »Athens News Agency«, ihre Karriere. Über ihr Wochenblatt »Efimeris ton Kyrion« (»Damenjournal«), das komplett von Frauen herausgegeben wurde, lancierte Parren Kampagnen für die Verbesserung des Bildungssystems und des Wahlrechts für Frauen. Als sie 1893 von einer Frauenkonferenz in Chicago zurückkehrte, gründete sie eine »Vereinigung für die Frauenemanzipation«, die den Weg für Griechenlands Suffragettenbewegung ebnete. 1917 zwang sie ihr politisches Engagement für ein halbes Jahr ins Exil.

Parren starb 1940, zwölf Jahre bevor das Frauenwahl- und Kandidaturrecht eingeführt wurde. Erst posthum wurde ihr Werk anerkannt, obwohl sie noch immer hauptsächlich für ihre wohltätigen und kulturfördernden Bemühungen gewürdigt wird, besonders die Gründung des »Lykeion ton Kyrion«, eines Frauenclubs, der noch heute aktiv ist.

Adresse Logginou 2 und Anapafseos, Athen 11636, Tel. +30/210/9221621 | **ÖPNV** Tram bis Zappio oder Leoforos Vouliagmenis; Bus 2, 4, 10, 11, 165, 227, 550, 790, 856 oder A 3 | **Öffnungszeiten** täglich, Sonnenauf- bis -untergang | **Tipp** Im Tempel der Artemis Agrotera (»der Jägerin«), heute eine offene Ausgrabungsstätte in der Ardittou 24, wurden vorbereitende Rituale für die »Mysterien« von Eleusis abgehalten.

47 Das Kapnikareas

Beat des Hellenenblues

Das Rembetiko, dessen kribbelnde Bouzouki und rauchige Stimmen zu Griechenland gehören wie eine Schenke am Meer, ist oft mit dem Blues verglichen worden. Beide haben ihren Ursprung in der urbanen Unterwelt – in den schwarzen Slums des tiefen Südens und in den Haschischhöhlen und den schäbigen Häfen von Piräus und Thessaloniki –, beide entstanden zu Beginn des 20. Jahrhunderts. Die Texte sind voller Schmerz, verlorener Liebe, Verzweiflung, Drogen und Draufgängertum.

Meist muss man bis Mitternacht warten, bis diese Musik ertönt, in diesem Café jedoch beginnt das Rembetiko schon um die Mittagszeit. Schluss ist um 23 Uhr. Kein Schild weist auf diese fröhliche Taverne hin, die sich in eine Gasse neben der byzantinischen Kirche, nach der sie benannt ist, schmiegt. Also folge man seinen Ohren.

Los ging es 1977, als Sotiris Sofos einen Sandwichladen eröffnete, damals noch eine Neuheit. 20 Jahre später gab Dimitris, sein Sohn, seinen Job als Tontechniker auf, um seinen zwei Hobbys nachzugehen, Musik und Essen. Er erweiterte die Karte, kochte viele Gerichte selbst, ließ sich dabei von seinen Reisen nach Indien und Nahost inspirieren – und lud seine Musikerfreunde ein.

Jeden Tag kommen andere Leute aus über 20 Gruppen. Mal spielen sie im »Inselstil«, mal Swing oder gar Rockabilly, gemixt mit dem Rembetiko – weit entfernt von den umstrittenen Liedern, die zensiert und in Diktaturen sogar verboten wurden.

Zum Interieur mit blauen Wänden gehören neben Instrumenten auch alte Fotos und achteckige indische Lampen, die rötlich glimmen. Auf der Karte finden sich neben Hauptgerichten viele Mezedes (Vorspeisen), sodass man hier gut mit knappem Budget essen gehen kann, wie Dimitris im Hinblick auf das aktuelle Leere-Geldbeutel-Syndrom sagt. Unbedingt probieren sollte man Omas Fleischbällchen von Ikaria, jener Insel, auf der die Leute vergessen zu sterben. Sie zählt 100 Lenze und denkt nicht ans Aufhören.

Adresse Christopoulou 2 und Ermou 57, Athen 10563, Tel. +30/210/3227394 | ÖPNV Metro bis Monastiraki (M1 und M3) oder Syntagma (M2 und M3), dann zehn Minuten zu Fuß | Öffnungszeiten täglich ab dem frühen Morgen bis 23 Uhr, die Musik beginnt um 14 Uhr | Tipp Die Kapnikareas-Kirche, eine der ältesten Athens, wurde Mitte des 11. Jahrhunderts auf den Ruinen eines Tempels der Demeter errichtet, die Wandbilder innen aus dem Jahr 1955 stammen jedoch vom modernen Maler Fotis Kontoglou.

48 Katakouzenos' Wohnung

Vielschichtige Lovestory

Sie waren aus gutem Hause, schön, kultiviert und idealistisch und gleichzeitig auch polyglott und patriotisch: Angelos Katakouzenos war ein in Frankreich ausgebildeter Psychiater und Intellektueller, seine Gattin Leto schrieb als erste Frau ein Stück, das am Nationaltheater aufgeführt wurde, außerdem Romane und Kurzgeschichten. Ihr Freundeskreis ging weit über Athen hinaus. Dazu zählten Camus, Faulkner, Chagall, Hubert Humphrey und nahezu jeder zeitgenössische griechische Künstler und Dichter (von der Mitte der 1930er bis in die 1980er).

Ein Besuch ihrer Wohnung gleicht einer Zeitreise in jene goldene Ära, in der Ideen und Prinzipien mehr zu gelten schienen als Ruhm und Reichtum. Man stelle sich jedoch kein Museum vor, sondern eine Einladung in ein außergewöhnliches privates Heim. Während die Gastgeber vorübergehend abwesend sind, lässt sich trefflich in ihren Besitztümern stöbern und über ihre Persönlichkeiten rätseln. Chagalls Porträt der Leto, Picassos Zeichnungen, Ghikas »Türen der vier Jahreszeiten« oder Tsarouchis' Gemälde waren Geschenke, keine Käufe, genauso wie die Gegenstände und signierten Bücher. Selbst die Möbel erzählen Geschichten; der Ort verströmt Licht und Liebe.

Die Kuratorin Sophia Peloponnisiou vergleicht die Wohnung mit Orhan Pamuks »Museum der Unschuld« in Istanbul, aber »das war Fiktion, diese Liebesgeschichte hier war real«.

Als sie mit 19 Jahren Letos Buch über deren Mann entdeckte, verliebte sich Sophia selbst in das Paar, seine Werte und Integrität und wurde zu Letos Freundin, die ihren Mann um 15 Jahre überlebte und eine Stiftung gründete, um das Haus nach ihrem Tod 1997 zu erhalten. Man stelle sich Sophias Überraschung vor, als Letos Testament sie zur Kuratorin bestimmte. Seit 2008 veranstaltet das Haus Lesungen, Konzerte, Ausstellungen und Darbietungen, die den literarischen Salon und den Geist ihrer einstigen Inhaber lebendig halten – ein echter Liebesdienst, denn alle arbeiten ehrenamtlich.

Adresse Amalias 4, 5. Stock, Syntagma, Athen 10557, Tel. +30/694/4825164, www.katakouzenos.gr | **ÖPNV** Metro bis Syntagma (M 2 und M 3), dann zwei Minuten zu Fuß | **Öffnungszeiten** ab 17 Uhr und nach Vereinbarung | **Tipp** Der Besuch lohnt allein schon wegen des tollen Blicks auf die Nationalgärten und das Parlament direkt gegenüber.

49 Das Klimataria

Wer immer einsam ist

»Wer immer einsam« sei, für den gebe es »eine Taverne«, schrieb Georg Trakl. Dies wäre auch eine treffende Beschreibung für diesen Ort, den seine *parea* (»Miteinander«) genauso bekannt machte wie Speis und Trank. Nur wenige Paare sieht man hier – gegen Ende des Abends gesellen sich jenen an den kleineren Tischen oft größere Gruppen hinzu.

Die im Herzen des »historischen Zentrums« der Innenstadt gelegene Schenke befindet sich schon seit 1927 an dieser Adresse. Damals wurde sie von einer Kirche in ein Kaffeehaus und dann in eine *oenomageireio* (»Weinküche«) umgestaltet, um die Schuster in den Lederwerkstätten des Bezirks zu bedienen.

Bislang widerstand die Kneipe den Wellen der Gentrifizierung, die durch das Marktviertel geschwappt sind. Selbst als das Lokal 2005 ausbrannte, lehnten die Inhaber Angebote von Bauspekulanten ab. Stattdessen bauten sie es im rustikalen Stil samt ummauertem Hof wieder auf, ersetzten die Weinfässer entlang den Wänden und heuerten einen Künstler an, um das alte Schild und Dekor wiederherzustellen.

Getreu ihren Wurzeln als *oenomageireio* – eine billige Spelunke, die Arbeitern, die von der Frühschicht kamen, eine kleine Blechkaraffe Wein (*oenos*) und einen Teller mit dampfendem Essen hinstellte – orientiert sich die Karte des Klimataria an *mageirefta* – einfacher Hausmannskost. Die im Tontopf (*gastra*) langsam geschmorten Speisen ergeben eine dicke Soße, die sich perfekt mit dem frisch gebackenen Brot auftunken lässt, während man am Wein nippt.

Der kernige Laden hat seine Stammkunden, auch wenn diese nicht mehr täglich kommen wie in den 1920ern und 1930ern, doch selbst heute trifft man hier noch auf alte Freunde und Bekannte. Früher nahm sich oft ein Gast einen *baglamas* (eine Miniatur-Bouzouki), um zu spielen, heute sind die Musiker, die an den Wochenenden auftreten, Profis. Es ist jedoch nicht unüblich, dass jemand sich ein Instrument schnappt, wenn der Wein fließt und die *parea* stimmt.

Adresse Plateia Theatrou 2, Athen 10552, Tel. +30/210/3216629 | **ÖPNV** Metro bis Omonia (M1 und M2) oder Monastiraki (M1 und M3) | **Öffnungszeiten** täglich 12–2 Uhr | **Tipp** Samstagabends gibt es hier griechische Livemusik. Im Voraus buchen! Sie mögen Backgammon? Die Diplareios-Handwerksschule (Tel. +30/210/3240130) ein paar Türen weiter gibt eintägige Kurse in Marketerie, wo Sie das Anfertigen eigener Spielbretter lernen.

50 Das Kloster Daphni

Weltkulturerbe mit Lücken

Die Anlage zählt zum Weltkulturerbe, ihre Kirche wartet mit einigen der erstaunlichsten Mosaiken Griechenlands auf, und doch befindet sie sich praktisch seit den Anfängen in Dauerreparatur. Einst stand hier ein Lorbeerwäldchen, dann ein Tempel, der Apollon Daphnephoros (dem »Lorbeerträger«) geweiht war. Dieser wurde 395 vor Christus von Barbaren zerstört. Übrig blieben einige ionische Säulen, die man im 6. Jahrhundert ins erste Kloster integrierte, das an dieser Stelle entstand. Nur eine Säule steht noch – Lord Elgin machte sich mit dem Rest, der durch zu weiße Marmorkopien ersetzt wurde, davon.

Später wurde das Kloster trotz seines Prestiges bis zum 11. Jahrhundert aufgegeben. Dann restaurierte es jemand, der am byzantinischen Hof einen hohen Rang innehatte, baute eine neue Kirche und säumte sie mit herrlichen Mosaiken. Während des berüchtigten Vierten Kreuzzuges 1204 übernahmen die Kreuzfahrer das byzantinische Kaiserreich; das Kloster wurde Teil des Herzogtums Athen und von Zisterziensern betrieben.

Das einmal mehr unter osmanischer Vorherrschaft stehende Kloster wurde als Garnison genutzt, als bayrische Kaserne, als Irrenhaus oder als Kloster. In jüngerer Zeit war die Anlage wegen Erdbebenschäden jahrzehntelang geschlossen und wurde erst vor Kurzem wieder zugänglich gemacht.

Sehenswert sind die Festungsmauern mit Zinnen an den Außenwänden, die Kreuzgänge zu beiden Seiten und die prächtigen Mosaiken – darauf dargestellt sind das Leben Jesu, Mariens, der Heiligen und der Propheten. Beherrscht werden sie vom eindringlichen, ernsten Blick des Pantokrators (»Allherrschers«) in der goldenen Kuppel. Kein Zweifel, dass er all Ihre Geheimnisse kennt. Nehmen Sie ein Fernglas mit, denn bis auf die Blumen am Nordtor sind die Moaiken zu hoch angebracht, um sie studieren zu können. Die vielen Lücken spiegeln die wechselvolle Geschichte der Kirche; es ist ein Wunder, dass sie überhaupt überdauert hat.

Adresse Athinon, Haidari 12400, Tel. +30/210/5811558 | **ÖPNV** Metro bis Agia Marina (M 3), dann Bus 811; Busse ab Athen: A 16, G16 oder 836, oder ab Piräus: 801 oder 845 | **Öffnungszeiten** Di, Fr 8–15 Uhr | **Tipp** Im »Todeslager« Haidari hinter dem Kloster wurden 1944 Hunderte Menschen von den Nazis als Vergeltungsaktion für Partisanenangriffe hingerichtet. Es war das berüchtigtste Gefängnis Griechenlands.

51 Kolokotronis mit Helm

Vom eigenen Schöpfer beschädigt

In der Geschichte Griechenlands ist Theodoros Kolokotronis eine herausragende Gestalt – ein Status, den auch die Bronzestatue des Generals des Griechischen Unabhängigkeitskriegs vor dem Nationalmuseum unterschwellig vermittelt. Während Besucher oft die Richtung kommentieren, in die Kolokotronis zeigt, bemerken nur wenige die blasse Inschrift am Marmorsockel. Wer dennoch hinschaut, hält sie für Graffito.

Was sie nicht ist, auch wenn sie in wütendem Protest von dem Bildhauer Lazaros Sohos, dem Schöpfer der Skulptur, in den Stein gemeißelt wurde. Es handelt sich um die Kopie einer Statue, die Sohos 1884 im Auftrag der Stadt Nafplio, damals Übergangs-Hauptstadt, angefertigt hatte.

Der Künstler hatte mit diesem Werk jedoch anderes vor. Wie die erste Statue wurde auch diese durch einen Spendenaufruf finanziert. Sohos wollte Kolokotronis ohne Helm darstellen. Das Komitee lehnte ab und argumentierte, der Helm sei Teil der geschätzten Ausrüstung des »Alten Mannes von Morea« gewesen. Sohos fügte sich, behielt aber das letzte Wort. Zusammen mit seiner Signatur meißelte er einen Rüffel Richtung Komitee auf die Rückseite: Der Helm sei »gegen seinen Willen« angebracht worden. Es dauerte Jahre, bis die Inschrift verblasste; obwohl nicht mehr leserlich, ist sie noch heute sichtbar.

Zunächst wurde das Standbild an der hinteren Ecke des Platzes aufgestellt, 1904 jedoch an seinen heutigen, auffälligeren Standort versetzt. Es steht auf einem Bronzepodest, das die Niederlage Mahmud Dramali Paschas bei Dervenakia darstellt sowie Kolokotronis, der die Griechen in die Schlacht gegen die Türken drängt. Interessant: Die Bronze wurde in einer französischen Gießerei hergestellt und auf der Weltausstellung in Paris anno 1900 gezeigt. Sie gewann auch einen Preis – allerdings für den Prototypen, den Sohos ohne Helm entworfen hatte. Das dichte lange Haar hängt dem General lose um die Schultern.

Adresse Plateia Kolokotroni, Athen 10561 | **ÖPNV** Metro bis Syntagma (M2 und M3); Bus 1, 2, 4, 5, 11, 12, 15, 25, 26 oder 27 | **Tipp** Schauen Sie nach der Inschrift auf dem Sockel der Büste des Harilaos Trikoupis in der Nähe. Ende des 19. Jahrhunderts war er siebenmal Premier. Die Widmung liest sich wie ein nationales Motto: »Griechenland will leben und wird leben.«

52 Der Königstempel

Griechenlands große Liebe

Wenn Panathinaikos ein Heimspiel hat, ist die Gegend um das alte Stadion überflutet von Grün, der Teamfarbe, und vibriert vor intensiver Energie, die sich zu einem Crescendo steigert, wenn alles »Toooor!« schreit. In Griechenland steht der Fußball über der Politik. Die Treue zur Mannschaft kann sogar die zu Gott und dem Vaterland übersteigen. Letzteres teilt sich in die Anhänger der zwei Rivalen auf dem Gipfel des Fußball-Pantheons – Panathinaikos und Olympiakos.

Griechenland, so sang schon Dionysis Savvopoulos, seufzt auf seinen Fußballplätzen. Im Falle von Panathinaikos sind diese Seufzer des Herzeleids und der Glückseligkeit in den Wänden des Apostolos-Nikolaidis-Stadions gefangen, der ältesten Fußball-Arena Griechenlands. Wahre Fans benutzen nie den offiziellen Namen, für sie ist dies schlicht »I Leoforos« (zu Deutsch »Die Avenue«, benannt nach der Adresse) und heiliger Boden.

Der Club wurde 1908 in Exarchia in der Straße Arahovis (Nummer 40) gegründet. Sein heutiger Ruhm ist international, er ist jedoch immer noch so fest in den Bezirken Ambelokipi, Neapoli, Pangrati und Patissia verwurzelt, dass der Vorschlag, ein neues Stadion an anderer Stelle zu errichten, einen Aufstand unter den Fans erzeugte. (Stattdessen musste das Management sich auf die wichtigsten Renovierungen beschränken.) Während des Baus in den 1920ern gab es Zusammenstöße zwischen Arbeitern und Flüchtlingen, die unter den Tribünen Schutz suchten.

Wenn der Fußball der König des Sports ist, dann ist Panathinaikos für seine Fans der König der Könige. Jeder pflegt persönliche Erinnerungen an das Leoforos, aber ein besonderer Moment war das vernichtende 8:2 gegen Olympiakos 1930 und natürlich die Saison 1971, die mit Panathinaikos im Europacup-Finale im Wembley-Stadion endete. Im Clubladen sind Devotionalien zu erstehen. Man wundere sich nicht über das häufige Vorkommen der Zahl 13 – sie bezieht sich auf Tor 13, den Abschnitt des Stadions mit den fanatischsten (und lautesten) Fans.

Adresse Leoforos Alexandras 160, Ambelokipi 11634, Tel. +30/210/6444401, Tel. +30/210/8709000 | ÖPNV Metro bis Ambelokipi (M 3) | Öffnungszeiten nur an Spieltagen – Infos auf der Webseite, www.pao.gr | Tipp Die Restaurierungsarbeiten an der Prosfigika, beziehungsweise den Flüchtlingsunterkünften, auf der anderen Straßenseite der Alexandras Leoforos sollen sowohl die Architektur als auch die Einschüsse aus dem Bürgerkrieg bewahren.

53 Ktima Aristi

Landleben in der Stadt

Vor 100 Jahren waren Vororte wie Kifissia oder Halandri noch nicht eingemeindet und gehörten zum Umland Athens. Ktima Aristi erweckt diese ländliche Idylle in einer Farm zu neuem Leben, die bäuerliche Traditionen mit dem modernen Lebensstil verschmilzt – ihre Gründer nennen dies »Leben in Kultur«. Gemeint ist damit buchstäblich, unser Verhältnis zur Umwelt zu »kultivieren«.

Ktima Aristi wurde 2017 von Aristi Sarra ins Leben gerufen. Der Name des Anwesens leitet sich nicht nur von der Gründerin ab, sondern auch vom griechischen Wort für »exzellent« oder »perfekt«: *arista*. Das Erlebnis auf der 5.000 Quadratmeter großen, landschaftlich gestalteten Farm mit Steinwegen und akkuraten Gemüsereihen bietet sicherlich die – perfekte – Erholung vom stressigen Stadtleben. Die Inspiration für diese urbane Pastorale zog Sarra aus ihren kulinarischen Studien in London und später San Francisco. So entstand Ktima Aristi auf einem verlassenen Grundstück, das in diesem beliebten Viertel nur Minuten mit der Metro vom Zentrum Athens entfernt dem unstillbaren Hunger der Bauspekulanten auf Land wundersamerweise entkommen war. Es ist eine Oase der Entspannung; keine Märchenfarm, sondern ein Ort, an dem zu leben man sich vorstellen könnte.

Das Konzept dahinter ist nicht »farm to table«, sondern eher umgekehrt. Produkte der Farm werden in einem kleinen Gemischtwarenladen in einem Häuschen verkauft, das ein großer Baum überragt. Der spendet auch Schatten für die überdachte Terrasse mit Tischen und Picknickstühlen, wo Besucher sich mit einer Erfrischung aus dem kleinen Café niederlassen können. Überall auf dem Grundstück darf gepicknickt werden.

Regelmäßig gibt es Veranstaltungen: Kunstshows, ein Sommercamp, Seminare und vielfältige Workshops, zum Beispiel Kochkurse für Kinder, Kurse über Stadtgärtnerei, Meditation oder Heilkräuter, die bei gutem Wetter draußen stattfinden. Ktima Aristi ist beliebt bei Familien mit Kindern, als Ausflugsziel oder für Feiern.

Adresse Ploutarchou und Keas, Halandri 15234, Tel. +30/210/6085559 | **ÖPNV** Metro bis Agia Paraskevi (M3) oder Chalandri (M3); Bus 1 oder 404 | **Öffnungszeiten** Mi–Fr 10–17 Uhr, Sa, So 10–16 Uhr | **Tipp** Rema Halandriou (»Strom Halandri«) ist ein geschützter Park mit Steinbrücken und einem Sommertheater.

54 Ktistakis

Griechische Donuts seit 1912

Es war einmal ein junger Mann, der seine Heimatinsel Kreta verließ, um in Alexandria sein Glück zu suchen. Dort stellte er in einem Süßwarenladen *loukoumades* her, griechische Donuts. Sie leiten sich vom persischen *lokma* (»Happen«) her. Als er 1912 nach Chania zurückkehrte, gründete er sein eigenes, seither familiengeführtes Geschäft. Nach seinem Tod 1955 zogen die drei Söhne nach Athen und eröffneten ihren eigenen Laden nahe dem Nationaltheater am Omonia-Platz. 1997 zogen sie an ihren heutigen Standort um die Ecke.

Mit seinen braunen Bugholzstühlen, den Marmortischen und dem Kachelboden wirkt der kleine Raum viel älter. Die Hälfte nimmt die Küche ein, wo Thodoris, 46, seit seinem 18. Lebensjahr mundgerechte Teigbällchen formt: »Mein Vater starb an einem Mittwoch. Am Montag war ich im Job.«

Interessanterweise hat die Familie Ktistakis nie etwas anderes getan. Warum aber etwas ändern, wenn man im Besitz des perfekten Rezepts ist? Athen rühmt sich einiger Lokale, die *loukoumades* verkaufen, einige traditionell – frittierte Teigringe oder -knöpfe, beträufelt mit Honigsirup –, andere modern – mit Schokolade oder aromatisierten Puddingcremes gefüllt. Aber die »Happen« aus Chania sind anders – kleiner, mit Zimt und Sesam bestreut, während der Sirup innen darauf wartet, mit seiner Süße im Gaumen zu explodieren. Wie kommt er da rein? Nicht durch Injektion, wie manche Kunden spekulieren. Es ist ein Geheimnis. Ein anderer Unterschied: Der Teig (Mehl, Wasser, Zucker, etwas Hefe, Zimt und Teig vom vorherigen Schwung) wird am Abend zuvor vorbereitet und muss ruhen, bis die Bällchen auf Bestellung gebacken werden. Klingt nach nicht viel, außer dass die Leute aus der ganzen Stadt hereilen, um sich ihre Dosis abzuholen. Eine Leckerei, der man nicht entwächst.

Thodoris würde das Zentrum nie verlassen: »Omonia ist das wahre Athen. Ich liebe es. Und gerade jetzt sind es die Immigranten, die es zusammenhalten.«

Adresse Sokratous 59, Omonia, Athen 10431, Tel. +30/210/5240891 | **ÖPNV** Metro bis Omonia (M2 und M3), dann fünf Minuten zu Fuß | **Öffnungszeiten** Mo–Fr 9–20 Uhr, Sa 10–20 Uhr, So 11–20 Uhr; im Sommer sonntags geschlossen | **Tipp** Das Nationaltheater öffnete 1900 als Königliches Theater seine Pforten und wurde von Ernst Ziller entworfen, dem Stararchitekten der Epoche. Nach einem Happen kann man hier wunderbar eine Vorführung oder eine Austellung bewundern.

55 Kypseli

Das »hündischste« Viertel Athens

Statuen oder Büsten von Heroen und Politikern zieren viele Athener Plätze. So ist es auch in Kypseli, einem Bezirk ohne Must-see-Hingucker. Er kann sich jedoch der einzigen Hundestatue der Stadt rühmen. Der Jagdhund sitzt hochherrschaftlich in dem Park, der an der Hauptstraße des Viertels liegt.

Obwohl sich Legenden um diesen noblen Köter ranken – er habe ein Kind gerettet, das in einen unter dem heutigen Asphalt gelegenen Fluss gefallen sei, oder sei selbst ertrunken, nachdem er seinen Herrn in Sicherheit gebracht habe –, ist keine von ihnen wahr.

Der Bildhauer Euripides Vavouris liebte ganz einfach Tiere und stellte sein Meisterwerk 1940 hier auf, ein paar Jahre nachdem der Fluss zu einer »Grünen Straße« umgestaltet worden war.

Damals befand sich das Obere Kypseli im Wandel vom ländlichen Gebiet zu einem aristokratischen Wohnviertel mit schicken, Bauhaus-inspirierten Apartmenthäusern. Einige von ihnen überlebten gar die Bauorgie nach dem Krieg, als das Viertel die höchste Bevölkerungsdichte Athens aufwies. Der Fluss jedoch war zum Sumpf und Gesundheitsrisiko verkommen.

Statt ihn zuzupflastern, ließen die Stadtväter Bäume und Büsche anpflanzen, schufen Springbrunnen, Ententeiche und Bäche. Heute hat sich die Grüne Straße zu einer langen, ausgedehnten Oase ausgewachsen; die Fokionos Negri wurde zur Fußgänger- oder eher Gassigeherzone. Hier sieht man Hunde aller Rassen und Größen, von Chihuahuas über Doggen, Pumis und Mischlinge bis hin zu Streunern. Es herrscht eine unausgesprochene Hierarchie: Die großen Hunde und ihre jüngeren Besitzer tummeln sich am oberen Ende der Straße, kleine, alte Hunde mit entsprechenden Herrchen und Frauchen sitzen auf Bänken in der Mitte. Mittelgroße Hunde begleiten ihre mittelalten Eigentümer am unteren Ende der Straße. Menschenfreundlich ist die Avenue aber auch: Kinder spielen Fußball und Männer Domino, während Cafés, Bars und Kneipen zu beiden Seiten Tag und Nacht brummen.

Adresse Fokionos Negri, Kypseli, Athen 11257 | **ÖPNV** Bus 022 oder 622; Trolley 2 und 4 oder zu Fuß ab der Metrostation Viktoria | **Tipp** In einer Gegend mit so vielen Hunden spricht es für ihre Herrchen und Frauchen, dass die Fokionos Negri so hundekotfrei ist!

56 Lela Karagiannis Haus

Gerechte unter den Griechen

Von außen mutet das zweistöckige Haus – früher das Heim des örtlichen Apothekers, seiner Frau und ihrer sieben Kinder – an wie jede andere Stadtresidenz in diesem Mittelschichtsviertel. Von hier aus jedoch leitete Lela Karagianni eine Spionage-Operation gegen die Nazis und organisierte für rund 150 britische Offiziere die Flucht, nachdem deutsche Truppen die Stadt besetzt hatten. Unter dem Codenamen »Bouboulina« (nach der Heldin im Unabhängigkeitskrieg gegen die osmanischen Besatzer) stahl das Spionagenetzwerk Material über Bewegungen deutscher Schiffe und sammelte Informationen, um Nazi-Kollaborateure zu identifizieren. Seine Geschichte als Datenzentrum lässt es passend erscheinen, dass das Gebäude derzeit von Microsoft als Zentrum für Technologie-Training genutzt wird; für die Restaurierung spendete die Firma 150.000 Euro.

Karagiannis Geschichte ist faszinierend. Sie gründete nicht nur das Netzwerk, sondern rekrutierte auch ihren Mann und fünf ihrer Kinder dafür. Schon früh zogen ihre Aktivitäten die Aufmerksamkeit des Staates auf sich; im Oktober 1941 wurde sie verhaftet. Nach ihrer Entlassung fünf Monate später führte sie ihre verdeckten Operationen jedoch fort. 1944 flog eine Doppelagenten-Aktion auf, und Karagianni wurde mit zwei Verbündeten nach einem Gefangenenlager in einem Vorort Athens verbracht, wo man sie im September zusammen mit anderen Widerstandskämpfern hinrichtete. Trotz Kontroversen über das Scheitern ihrer letzten Operation wurde sie posthum von der Athener Akademie geehrt und in Yad Vashem als »Gerechte unter den Völkern« anerkannt, weil sie griechischen Juden geholfen hatte.

Das renovierte und 2017 eröffnete Haus wird wahrscheinlich zu einem Gemeindezentrum umgestaltet, wenn der Vertrag mit Microsoft ausgelaufen ist. Das Viertel und andere Gruppen reichten Vorschläge für eine Bibliothek, ein Museum für Lokalgeschichte und, ja, ein Jobtrainingszentrum ein.

Adresse Lelas Karagianni 1 und Stavropoulou, Kypseli, Athen 11252 | **ÖPNV** Bus 3, 5, 11, 14, 54, 608 oder A 8 | **Tipp** Wer das Archäologische Museum besucht, halte Ausschau nach der Marmorbüste der Lela Karagianni in der Tositsa-Fußgängerzone.

57 Das Limba

Recycelte Randale

Mittlerweile gibt es in Athen eine Vielzahl von Bars und Clubs, wo man sich volllaufen lassen kann, aber bislang gab es hier keinen Ort, an dem man herumwüten und dann einfach gehen durfte, als ob nichts geschehen wäre.

Das Limba, ein Kellerladen im Herzen von Monastiraki, ist eine moderne Allegorie auf die aufgestaute Wut, die sich während einer langen Periode von harschen Finanzkrisen, alarmierenden Regionalkriegen, Terrorismus, miesen Präsidenten und erschöpfter Liebe angesammelt hatte. Das Limba verkörpert jenes tief sitzende, zwanghafte Bedürfnis, den Furor herauszulassen, ironischerweise auf eine privat organisierte, kommerzielle Weise. Manche wollen hier nur leicht atypischen Spaß haben.

Wer eintritt, geht eine Karte durch, die seiner schäumenden Wut oder auch reiner Jux-Laune Abhilfe schaffen soll. Die Preise beginnen bei ein paar Euro, können aber auch über 100 Euro betragen. Man kann aus einer Anzahl von ungewöhnlichen Objekten auswählen, die man in Stücke schlagen möchte. Dazu gehören alte Computermonitore, Handys, Flaschen oder Geschirr. Nachdem der Gast sich ein »Paket« ausgesucht hat, muss er sich einen Schutzanzug mit Helm, Visier und doppelten Handschuhen überstreifen.

Die Räume sind schalldicht und bewusst brachial angestrichen, ähneln entweder einem Wohnzimmer oder DIY-Workshop. In jedem befinden sich verschiedene Waffe wie Baseballschläger oder Eisenstangen. Der Manager bietet den Gästen zweifachen Luxus: die Auswahl der Musik (klassisch oder traditionell griechisch kommen am besten an) und die Freiheit, so lange zu randalieren wie nötig. Die Kunden entsprechen den Klischees der von Lebenskrisen Geschüttelten: Geschäftsleute, 30-jährige Frauen, Teenager und Touristen auf der Suche nach Spaß. Die Inhaber sind ökologisch eingestellt, nach jeder Buchung recyclen sie jede noch so kleine Scherbe. Im Grunde recyceln sie alles zweimal – das erste Mal, indem sie nutzlose Gegenstände zur Zertrümmerung bereitstellen.

Adresse Pittaki 6, Psyrri, Athen 10554, Tel. +30/698/1373351 | **ÖPNV** Metro oder HSAP (elektrische Bahn) bis Monastiraki (M 1 und M 3) | **Öffnungszeiten** Di–So 17–22 Uhr | **Tipp** Monastiraki bietet viele soziale, gastronomische und kulturelle Möglichkeiten, darunter einen Flohmarkt, die Kathedrale von Athen und die besten Souflaki-Imbisse der Stadt. Kombinieren Sie Ihren Besuch im Limba mit Drinks, Essen und einer Führung.

58 Das Lykeion

Wandeln mit Aristoteles

Wer in Athen gräbt, wird auf eine antike Stätte treffen. Es hatte jedoch niemand damit gerechnet, dass man beim Bau eines Museums für moderne Kunst auf das berühmte Lykeion des Aristoteles stoßen würde. Dass es weniger als zwei Meter tief unter der Oberfläche lag, befeuert Spekulationen, was sonst noch so alles unter der Stadt lauern mag.

Der große Philosoph der Antike ging das Lernen spazierend an – was man merkt, wenn man die Pfade zwischen den Ruinen der Palästra, der Bäder und des Lesesaals abschreitet. Für einen Ort, der an eine der verkehrsreichsten Durchgangsstraßen des Zentrums grenzt, ist die altehrwürdige Stätte seltsam ruhig. Sie ist erfüllt vom Duft wilder Kräuter – Rosmarin, Lavendel, Thymian –, und Granatapfel und andere Obstbäume lassen die Atmosphäre jener griechischen Vororte wiederaufleben, in denen die Schule damals lag.

Um 335 vor Christus beinhaltete die Grunderziehung der Jugend auch Musik und Ringen. Man verbrachte viel Zeit im Freien. Die Stunden wurden oft im Gehen abgehalten, da Aristoteles überzeugt war, ihm kämen dabei die besten Ideen.

Auffallend sind die Bäder. Anfangs waren dies einfache Kabinen, in denen die Jugendlichen das Öl und den Staub vom Körper spülen konnten, später Dampfbäder, die über Rohre unter dem Boden mit der Feuerstelle in der Vorkammer verbunden waren. Die Hitze wurde von Tonscheiben gespeichert, die als Boden verlegt oder im Raum gestapelt waren. Ähnlich wie in vielen heutigen Spas folgte auf das Dampfbad ein Hechtsprung in die Zisterne – ein bemerkenswert simples und geniales System.

Selbst eine gründliche Besichtigung dauert weniger als eine Stunde. Die Holzränge an der niedrigen Erhebung, von der aus man die Stätte überblickt, sind jedoch ideal für eine längere Rast, um zu lesen oder sich einfach vom Stadtlärm zu erholen. Seien Sie nicht überrascht, wenn Sie nicht allzu lange sitzen bleiben können – irgendwas an diesem Ort bringt einen zum Flanieren.

Adresse Rigillis 11 und Vasilissis Sofias, Athen 10675 | **ÖPNV** Metro bis Evangelismos (M3); Bus 3, 7, 8, 13, 22, 54, 60, 100, 203, 204, 220, 221, 224, 235, 250, 608, 622, 732, 815 oder A5 | **Öffnungszeiten** täglich; Sommer 8–20 Uhr, Winter 8–15 Uhr | **Tipp** Setzen Sie Ihren Spaziergang in den angrenzenden Gärten der Villa Ilisia fort, dem ehemaligen Anwesen von Sophie de Marbois-Lebrun, der Duchesse de Plaisance, in dem sich heute das Byzantinische Museum befindet.

59 Das Margaro

Weniger ist mehr

Manchmal braucht ein Restaurant nicht mehr als eine Spezialität und zwei Pfannen, um zur Erfolgsgeschichte zu werden. Diese einfache Taverne, die sich in eine unbelebte Ecke von Piräus schmiegt – sogar ohne einen anständigen Blick aufs Meer –, ist der Inbegriff von »ohne Schnickschnack«, aber selten leer.

Die Karte ist überflüssig, da die Küche meist nur zwei Gerichte anbietet: Rotbarbe und Garnelen, vollendet gebrutzelt, nicht fettig und so frisch, dass man das Meer schmeckt. Zuweilen gibt es auch Schnapper und Kaisergranat, aber da zähle man nicht drauf.

Ein einfacher Hirtensalat mit einem Stück exzellentem Feta rundet das Mahl zu allen Jahreszeiten ab, dazu wird frisches Brot serviert, um das Dressing aufzutunken. Eine Weinkarte gibt es auch nicht, nur einen trinkbaren Weißwein, Bier und Ouzo. Als Dessert – aufs Haus! – gibt es gebackenes Halwa oder Orangenkuchen. Selbst reservieren kann man nicht. Und doch ist dieser Laden an jedem Tag der Woche zur Mittagszeit und auch zwischendurch seit Jahrzehnten so gut wie voll besetzt.

Das handgemalte Schild über der Tür trägt die Aufschrift »oinopoleion« (Weingeschäft) und die Jahreszahl 1917. Dies jedoch war ein ganz anderes Unternehmen. Als Wirtshaus wurde das Lokal 1944 von Margaro aus Mykonos im übel zerbombten Piräus eröffnet, gleich nachdem die Nazis vertrieben worden waren. Damals bot sie eine Auswahl von Geschmortem und Gebackenem an. Als jedoch ihr Sohn Lazaros den Job 1980 erbte, strich er die Karte auf die derzeitigen drei Gerichte zusammen, deren Qualität immer gleich bleibt.

Heute betreiben Margaros vier Enkel den Laden, dirigieren die Bratpfannen, die auf einem primitiven Zweiplattenherd schmurgeln, sodass niemand zu lange warten muss, ganz gleich, wie voll es ist.

Die eingeschworene Kundschaft besteht aus Schiffsmaklern, Einheimischen und Fremden. Fleischfresser, Vegetarier und Frittensüchtige halten besser Abstand.

Adresse Hatzikyriakou 126, Piräus 18538, Tel. +30/210/4514226 | ÖPNV Bus 040, 049 oder 904 | Öffnungszeiten täglich 12–24 Uhr, So bis 18 Uhr (keine Reservierungen); setzen Sie sich draußen hin, wenn möglich, und kommen Sie früh oder zu einer verkehrsschwachen Zeit | Tipp Die Marineschule in der Nähe und der Anblick von elegant gekleideten Kadetten, Männern und Frauen, in ihren blendend weißen Uniformen ist Teil des Charmes der Taverne.

60 Die Menandrou-Straße

Fremde Gewürze

Wer sich vom schäbigen Omonia-Platz fortbewegt, findet sich in einem Labyrinth von Straßen wieder, die ihn auf der Stelle aus der Athener Gewöhnlichkeit entführen, mit engen Straßen und schäbiger Architektur und einer Vielzahl von Immigranten. In der Luft hängt verzweifelter Überlebenswille, aber auch das geschäftige Leben, das bekanntlich weitergeht. Osteuropäer verkaufen gefälschte Zigaretten, obdachlose Syrer kauern sich auf dem Bürgersteig zusammen, nigerianische Straßenhändler präsentieren Designertaschen-Imitate. Den Westler mag diese Gegend leicht ängstigen, besonders nachts, wobei diverse Polizeirazzien in den letzten Jahren Drogenhandel und Prostitution erfolgreich zurückgedrängt haben. Der Sicherheitsstandard hat sich erhöht.

Obwohl die Menandrou auch von Psyrri aus erreichbar ist, empfiehlt es sich, beim Omonia-Platz zu beginnen und die umgebenden Straßen abzuspazieren, um ein authentisches Gefühl für diesen Stadtteil zu bekommen und Beispiele faszinierender, aber vernachlässigter Baukunst zu bestaunen.

Nicht alles ist pittoresk, aber lebhaft und voller Persönlichkeit. Die Straße säumen traditionelle pakistanische Barbiere, bei denen halsbrecherische Kopfmassagen Teil der Prozedur sind. Winzige Läden, nicht größer als Löcher in den Wänden, verkaufen Handykarten. Viele Ladenfronten sind mit Chilis aller Farben und Schärfegrade und einer Fülle an exotischem Gemüse übersät. Kenner wagen sich her, um sich hier mit frisch gemahlenen Gewürzen einzudecken, sich in Imbissen, die pikante Kebabs oder Falafel verkaufen, einen Happen zu gönnen oder sich in einem Restaurant mit leckeren hausgemachten Mahlzeiten verwöhnen zu lassen, die überhaupt nicht viel kosten.

Die Straße spiegelt den Mikrokosmos jenes multikulturellen Lebens, das die Athener Psyche in den letzten 20 Jahren durchtränkt und verändert hat. Die liberaleren Einheimischen kaufen heute anders ein, essen anders und feiern die Vielfalt.

Adresse Menandrou, Athen 10552 | **ÖPNV** Metro bis Omonia (M1 und M2) oder Monastiraki (M1 und M3) | **Öffnungszeiten** unbegrenzt, nachts aber besser zu meiden | **Tipp** Nur ein paar Straßen weiter (nicht mehr als zehn Minuten zu Fuß) in der Anaxagoras-Straße befindet sich das Romantzo, ein Kulturzentrum und Café, das die urbane Tristesse der Gegend mit trendigen Hipster-Vibes vermixt.

61 Das Mentaleaty

Ein neues Leben

Um die asiatische Küche gibt es in Athen derzeit einen erheblichen Hype. Chinesische, japanische, indische und Thai-Restaurants schießen wie Pilze aus dem Boden. Das Mentaleaty, das 2016 im heruntergekommenen Stadtteil Metaxourgeio eröffnet wurde, hat weit mehr im Sinn, als nur schmackhaftes Pad Thai oder gesunde vegane oder vegetarische Kost anzubieten. Das größere, übergeordnete Ziel besteht darin, Menschen zu unterstützen, die an psychischen und Geisteskrankheiten leiden.

Die anfangs von der EU subventionierte Initiative ist eine von mehreren, die die Sozial-Kooperative Athina-Elpis (»elpis« bedeutet Hoffnung) ins Leben rief, um Menschen mit psychosozialen Auffälligkeiten oder diagnostizierten psychiatrischen Erkrankungen Arbeit und ein Sozialleben zu verschaffen, das also, womit sie auf sich gestellt eher Schwierigkeiten hätten. Bereits in den ersten zwei Monaten reagierte nicht nur die Öffentlichkeit sehr positiv auf das reichliche, gesunde, gentechnikfreie Essen, sondern auch den »Patienten« (die alle vor der Einstellung evaluiert werden) ging es merklich besser.

Das Mentaleaty half ihnen nachweislich, ein ausgewogeneres, positiveres Leben zu führen, ihre Talente und ihren Gemeinschaftssinn zu entdecken.

Das leicht zu erreichende Restaurant ist angenehm minimalistisch und modern eingerichtet, hat freundliches Personal und eine loyale Klientel, die regelmäßig die Updates auf der Karte probiert.

Athina-Elpis besteht primär aus Psychologen, Psychiatern und Sozialarbeitern, die ein Team aus Betroffenen, Freiwilligen und Restaurantprofis zusammenstellten.

Das aktive Unternehmen betreibt auch den Luna Catering-Service, das Café Akt mit einem eigenen Bereich für Senioren, einen professionellen Putzdienst und ein Gärtnerteam, wobei es stets darum geht, psychisch Kranken zu helfen. Mehr Restaurants sind in naher Zukunft geplant.

Adresse Megalou Alexandrou 114–118, Metaxourgeio, Athen 10435, Tel. +30/213040530, www.athena-elpis.gr | **ÖPNV** Metro bis Kerameikos (M3) | **Öffnungszeiten** täglich 13–24 Uhr | **Tipp** In der Nähe, an der Ecke Leonidou und Millerou, befindet sich in einem klassizistischen Gebäude des Architekten Christian Hansen die Gemeindegalerie. Sie zeigt über 3.000 Werke von griechischen Künstlern des 19. und 20. Jahrhunderts, die kostenfrei zu betrachten sind (So 10–16 Uhr, Di 10–21 Uhr, Mi–Sa 10–19 Uhr).

62 Die mittlere Apollonos-Straße

Wo die Priester shoppen

Von der zweiten Hälfte der Apollonos-Straße an wird einem eine ganze Reihe von verschiedenen Geschäften auffallen, deren Fenster mit glitzerndem religiösen Nippes und Requisiten dekoriert sind. Wer hineinschaut, entdeckt juwelenbesetzte Kreuze, handgemalte Ikonen, feierliche Kandelaber.

Zu beiden Seiten der Straße folgen um die 20 solcher Läden. All die Kirchen-Accessoires und kunstvollen, handgearbeiteten Stoffe für liturgische Gewänder sind ein Fest für die Augen. Die Geschäfte spiegeln den massiven Einfluss der griechisch-orthodoxen Kirche als Kernelement der nationalen Identität Griechenlands wider und säumen bis zur Agia Filothei direkt hinter der Kathedrale Mariä Verkündigung die Straßen. Manche sind modern und auf Hochglanz getrimmt, andere stammen aus einer vergangenen Ära. Der erste dieser Läden, 1926 eröffnet, gehört dem renommierten Ikonografen Konstantinos Zouvelos, dessen Werke in Kirchen in ganz Griechenland und auch in New York, San Francisco und Vancouver zu bestaunen sind. Mit seiner Frau und seinem Sohn schafft er religiöse Kunstgegenstände aller Art. Zu ihren einzigartigen Stücken gehört eine steinbesetzte Silberbrosche in Form des Sterns von Bethlehem mit einer Mariengravur aus Mammutelfenbein in ihrer Mitte.

Ein Stück weiter wartet Tasi, 1986 eröffnet, das von handgemalten Ikonen, Weihrauchgefäßen und Glücksbringern in Form von Heiligen nur so überquillt. Sehenswert sind auch die *tamata*, kleine Metalltafeln, die jede einen siechen Körperteil darstellen, als Votivtafeln genutzt und meist auf wundertätigen Ikonen in einer Kirche platziert werden. Ebenso lohnend ist Hiton, wo man sich auf handgefertigte Stoffe für Gewänder sämtlicher Geistlichenränge spezialisiert hat und alles von simpler schwarzer Baumwolle für 100 Euro den Meter bis zu aufwendigen Stoffen aus Silber, Gold, Samt oder Seide, die bis zu 500 Euro den Meter kosten, anbietet.

Adresse Apollonos, Syntagma, Athen 10556 | **ÖPNV** Metro bis Syntagma (M2 und M3) | **Öffnungszeiten** reguläre Öffnungszeiten Mo, Mi, Sa 9–17.30 Uhr, Di, Do, Fr 9–19.30 Uhr | **Tipp** Zünden Sie in der Kathedrale Mariä Verkündigung eine Kerze an und sehen Sie sich die Reliquien der Stadtheiligen Agia Filothei in einem goldenen Schrein an.

63 Mompso

Warum hier?

In einer Straße, wo Topfpflanzen und Gärtnerausrüstung den Bürgersteig zupflastern und jedes zweite Geschäft etwas mit Essen zu tun hat, sticht Mompso als der eleganteste, zugleich aber auch unwahrscheinlichste Laden heraus. Hirtenstäbe stehen am Eingang, Tröge mit Schafs- und Ziegenglocken dekorieren das Innere; Eselhalfter hängen an den Wänden. Die Hauptartikel haben jedoch mit dem Pferd zu tun. In diesem Geschäft sucht man sich seinen nächsten Ledersattel, Reitstiefel, Handschuhe oder Jodhpurhosen aus. Warum hier?

Inhaber Christos Triantafyllou startete 2006 durch; die Idee kam ihm während einer Reise nach Marokko. Dort begegnete er Leuten, die in ihrer Fabrik schickes Reitzeug für das Pariser Designhaus Hermès herstellten. Seine Familie betrieb schon seit 100 Jahren ein lederverarbeitendes Unternehmen. Also brauchte er sich nur noch mit allen Spezialtricks vertraut zu machen und kehrte mit der Idee, in Griechenland eine neue, stylishe Marke einzuführen, nach Hause zurück.

Wie sich herausstellte, gab es hier mehr Reiter als gedacht. Daneben schätzten auch viele die Stiefel, Handschuhe und Gerten aus anderen Gründen. Da das Geschäft zentral liegt, zieht es Kundschaft vom Land an, wo mehr und mehr Menschen Pferde statt Traktoren oder Pick-ups als Transportmittel nutzen, da der Spritpreis den von Weizen und Hafer weit übersteigt. »Nebenbei«, sagt Christos, »bin ich im Stadtzentrum verwurzelt, meine Familie stammt aus Psyrri. Daher fühle ich mich hier zu Hause. Säßen wir in einem exklusiven Vorort, käme nur die Klientel von den Reitvereinen.«

Man muss jedoch kein Hirte oder Reitcrack sein, um hier fündig zu werden. Sehr beliebt sind die handgefertigten Glocken für Eingangstüren; die Hirtenstäbe sind allerdings mehr Fun. Wie wär's, sein Glück mit einer Steinschleuder zu versuchen? Sie sind die einzigen in Athen, da Mompso das Monopol auf das dazu verwendete Gummiband hat.

Adresse Athinas 33, Athen 10554, Tel. +30/210/3230670, www.mompso.com | **ÖPNV** Metro bis Monastiraki (M1 und M3), dann 5 Minuten zu Fuß | **Öffnungszeiten** Mo–Fr 9–17 Uhr, Sa 9–16 Uhr | **Tipp** Wer Athen im späten Frühjahr besucht, wird die Jacaranda-Bäume in voller Blüte sehen. Mit ihren exquisiten lilablauen Blüten füllen sie Himmel und Bürgersteige.

64 Der Navarinou-Park

Wir, hier, jetzt!

Er mag anmuten wie ein gewöhnlicher, vielleicht etwas schräger Park, eine kleine Oase mit funkelnden Mosaiken, Kopfsteinpflaster und ruhespendendem Laub mitten in der Stadtlandschaft. Der Navarinou-Park bildet das Herz von Exarchia und steht für die kooperative und hoffnungsbefeuerte Haltung jener Griechen, die die Finanzkrise hart getroffen hat. In diesem oft als »Anarchistenzone« verschrienen Viertel gedeihen unruhige, nonkonformistische Geister, in manchen Fällen auch eine explosive, revolutionär gestimmte Jugendkultur, es ist jedoch für Besucher generell sicher.

Der 2009 von einer Aktivistencommunity gemeinsam mit einer Kollektive namens »Wir, hier, jetzt und für uns alle« angelegte Park spiegelt den temperamentvollen, wehrhaften Charakter der Leute hier gut wider. Der Pachtvertrag für das Gelände, einst eine Klinik, dann ein Parkplatz, lief 2008 aus, und die Einheimischen, die schon länger ein Auge darauf geworfen hatten, schritten zur Tat, besetzten den Ort, durchbrachen den Asphalt und verwandelten ihn in das, was er heute ist. In einem demokratischen Prozess gestalteten sie einen Versammlungsort für alle. Durch Spenden finanzierte Bäume und Blumen wurden gepflanzt, ein Gemüsebeet und ein Spielplatz angelegt, ebenso ein Bereich, in dem in den wärmeren Monaten Filmvorführungen, Talkrunden und andere Darbietungen stattfinden.

Der stille, aber niemals leblose Park ist ein Ort, den das Volk für das Volk geschaffen hat und in dem weiterhin regelmäßig Events und Meetings stattfinden. Auch Grilltage für die Obdachlosen werden veranstaltet; aktive Mitglieder treffen sich jeden Mittwoch, um beim Brainstorming Ideen zu entwickeln.

Das Gelände ist zu allen Tageszeiten zugänglich. Es bleibt ein Symbol der Autarkie, des Antikonformismus und der Fähigkeit, Antworten zu finden, ohne den Staat zu bemühen, während es zugleich wieder Hoffnung, natürliche Schönheit und kreative Regeneration ermöglicht.

Adresse Zoodochou Pigis 26, Exarchia, Athen 10681 | **ÖPNV** Bus 230 ab Syntagma | **Tipp** Wer ein paar Minuten die Solomou-Straße hinunterschlendert, kann sich im White Rabbit köstliche Eiscreme gönnen, während er in einem der Bücher aus dem vollgepackten Regal der Bibliothek (im Café) schmökert.

65 Das NS-Gefängnis

Abstieg in den Hades

Jeder Schritt hinunter führt fort von der Weiträumigkeit und vom Licht des Korai-Platzes in die Finsternis sechs oder sieben Meter unter der Straße. Dies ist mehr als ein metaphorischer Abstieg in die Hölle: Für Tausende Griechen, die hier zur Nazi-Kommandantur gebracht wurden, war es ein Trip in den Hades.

Nachdem man die erste Ebene erreicht hat, befindet man sich noch auf vertrautem »Museums«-Boden. Eine Ebene darunter wird die Leere so überwältigend, dass man kaum noch atmen kann, und man beginnt zu spüren, wie es gewesen sein muss, hier eingekerkert zu sein.

Kurz nachdem die Nazi-Truppen Athen im April 1941 erobert hatten, brachte die Kommandantur das Gebäude an sich – ein architektonisches Juwel, das Mitte der 1930er für die Nationale Versicherungsgesellschaft umgestaltet worden war und das beim Ausbruch des Zweiten Weltkriegs in den Staatsdienst befohlen wurde. Im Keller befand sich ein Luftschutzbunker – eng, dunkel, stickig und für die Deutschen perfekt, um die Zellen mit des Widerstands Verdächtigten zu belegen. Männer, Frauen, gar Kinder wurden bei Überfällen und Razzien festgenommen, verhört, gefoltert und dann entweder ins Gefängnis geworfen, in KZs verschleppt oder hingerichtet. Der Terror, den die Gefangenen hier erlebten, ist noch heute an den an die Wände gekritzelten Botschaften abzulesen: »Ich habe Durst!«, Angaben zu Name, Alter, Beruf, Zeichnungen, ein Herz, Berichte, warum sie verhaftet wurden.

Heute brummt das Gebäude vor Leben – in den Bürofluchten oben und in den Cafés, die sich in der eindrucksvollen Marmorlobby aneinanderdrängen. Im Keller befindet sich ein Kino, ein kleiner Abschnitt wurde jedoch so belassen, wie er aussah, als hier Verhöre stattfanden. Die einzige Veränderung ist die Nazi-Flagge, die an einer Wand hängt und einst das Gestapo-Hauptquartier nahebei schmückte. Statt den Raum mit Leben zu füllen, wirkt das Rot wie ein See aus Blut.

Adresse Korai 4, Athen 10564, Tel. +30/210/3243581 | **ÖPNV** Metro bis Panepistimio (M2); Bus 2, 3, 4, 5, 11, 25, 26, 27, 54, 220, 221, 230, 608, 622 oder 790 | **Öffnungszeiten** Di–Sa 9–14 Uhr | **Tipp** Das Hauptquartier der Gestapo lag weniger als einen Kilometer entfernt in Kolonaki (Merlin 6). Den Ort kennzeichnen eine alte Tür und ein Bronze- und Metallrelief, das einen anonymen Widerstandskämpfer darstellt.

66 Der olympische Park

Trainingsgelände anno 1896

Selbst die athletisch weniger Geübten mögen der einen oder anderen olympischen Träumerei nachhängen – der Fokianos Sports Park ist definitiv der Ort, um darin zu schwelgen. Die Anlage gegenüber dem Panathinaiko-Stadion, in dem anno 1896 die Wiedergeburt der Olympischen Spiele stattfand, wurde nach jenem Mann benannt, der die ersten modernen Olympioniken trainierte: Ioannis Fokianos. Man braucht sich nicht einmal Turnhosen anzuziehen, um auf der Bahn powerzuwalken und sich vorzustellen, zu Jubelgeschrei in die Arena einzulaufen.

Die zentrale Lage trägt zur Attraktivität des Parks bei. Toll ist aber auch die lässige, offene Atmosphäre, die weniger streng und einschüchternd ist als in einer Sporthalle. Zweifellos sind die Theorien von Fokianos, die er Ende des 19. Jahrhunderts in seinem Handbuch über Körperertüchtigung der Jugend entwarf, in dieser Halle, die seinen Namen trägt, ganz praktisch umgesetzt. Das überdimensionierte »Schachbrett« bietet geistige Übungen, die die physischen Work-outs an der Kletterwand, auf der 50- und 200-Meter-Bahn, der Radpiste und dem Trampolin ergänzen. Es gibt auch Basketballfelder, die sich in Volleyball- oder Fußballfelder umwandeln lassen, sowie eine Halle für Yoga, Pilates, Kampfsport und Fechten. Ein sehr engagiertes Team von Trainern weiß mit Spontankundschaft aller Altersklassen oder Sonderwünschen umzugehen. Wie viele andere kann man aber auch einfach hinspazieren und die Bahn entlangjoggen.

Hier wird jedoch nicht nur geschwitzt, man kann auch einfach Spaß haben (es gibt einen Sandkasten plus Baumhaus) oder sich weiterbilden (eine Ausstellung informiert über die Anfänge der modernen Olympiaden).

Das Café bietet eine überraschend umfangreiche Karte und ist bei Geburtstagsgesellschaften beliebt. Mit Kindern ist man hier ohnehin richtig, sie können stundenlang spielen, während die Eltern sich fit machen oder in der Sonne Athens baden.

Adresse Leoforos Vassilissis Olgas 1, Athen 10557, Tel. +30/210/3233973 | **ÖPNV** Tram (alle Linien); Bus 2, 4, 10, 11 oder 550 | **Öffnungszeiten** täglich 8–22 Uhr | **Tipp** Der erste Springbrunnen der Stadt, eine massive Anlage aus der Belle Époque im Zappeion, wurde in den 1930er Jahren von der in New York ansässigen Ulen Water Co. gestiftet.

67 Das osmanische Tor

Medresse, Mörder, Galgenbaum

Gegenüber den stillen Örtchen des Vespasian in der römischen Agora steht ein doppelbögiges Tor, das eine arabische Inschrift mit dem Namen des Gründers, Mehmet Fahri, »der Ehrbare«, ziert. Dies ist alles, was von der Medresse aus dem Jahr 1721 übrig ist, einem der wenigen Relikte der 376 Jahre osmanischer Herrschaft.

Der Komplex muss schön anzuschauen gewesen sein. Wohnzellen – gemütlich eingerichtete Schlafplätze – waren um einen Hof mit Säulen gruppiert, und ein großer Vorlesungssaal prunkte mit einer Kuppel, die Bereiche der Hodjas (Lehrer) sowie Küche und Toiletten lagen hinten. Zum Freitagsgebet diente die Halle als Moschee. An warmen Tagen unterrichtete der Hodja unter einer breiten Platane im Hof.

Dies idyllische Bild hielt weniger als 100 Jahre. Als Griechenland 1821 seine Unabhängigkeit erklärte, rüsteten die osmanischen Machthaber die Schule zum Gefängnis um und nutzten die Platane als Galgenbaum.

Nach der Wiedererlangung ihrer Freiheit setzten die Griechen diese Praxis fort: Nach der Instandsetzung wurden hier Kriminelle und politische Gefangene eingekerkert. Deren Wehklagen so nah am geschäftigen Weizenmarkt warf ein Sargtuch über den Bezirk; der Anblick baumelnder Körper tat ein Übriges. 1843 schlossen sich entflohene Häftlinge der Menge am Königspalast an, die von König Otto eine Staatsverfassung forderte.

Das Gefängnis wurde erst 1911 geschlossen. Den verhassten Baum streckte ein Blitz 1919 nieder. Wie der Dichter Andreas Paraschos prophezeit hatte: »O Platane der Medresse, o Zeichen des schrecklichen Fluchs / Bastille und Verlies unserer Lande, die Zeit, sie kommt, du Unglücksbaum / wenn all unser erstickter Zorn doch die Axt entsendet / um am Ende dein Fall zu sein … Das Alter wird dich nicht niederringen, Feuer dich stattdessen verzehren und doch noch niederzwingen …« Im selben Jahr wurde die ehemalige Medresse, Bastille von Athen, dem Erdboden gleichgemacht.

Adresse Polignotou, Monastiraki, Athen 10555 | **ÖPNV** Metro bis Monastiraki (M1 und M3), dann fünf Minuten zu Fuß | **Tipp** Die Platane mag nicht mehr existieren, doch in der Diogenous-Straße um die Ecke gedenkt seiner eine historische Schenke, O Platanos. Das 1933 eröffnete Lokal beschatten Maulbeerbäume.

68 Das Panellinion

Immer eine gute Partie

Für ein »kafeneion« ist es hier ungewöhnlich still. Die Gäste kommen nicht her, um über Politik oder Fußball zu plaudern. Auch nicht, um das Gegenkultur-Ambiente anderer Cafés in der Umgebung zu genießen. Sie kommen, um Schach zu spielen. Jeder Tisch ist mit einem Brett ausgestattet, bereit zum Wettstreit der Figuren.

Das Panellinion ist kein Ort, der Passanten anzieht: zerkratzte Tische, ein 50er-Jahre-Mosaikboden, steife Holzstühle mit abblätternder Farbe und – auf den ersten Blick – eine Klientel von zumeist Pensionären.

Der Kaffee ist fast ausschließlich »ellinikos«, also Tasse für Tasse über einer Gasflamme zubereitet. Das Dekor besteht hauptsächlich aus gerahmten Fotos, darunter eines der großzügigeren Räumlichkeiten an der Straße Benaki, in denen sich das Café die ersten acht Jahrzehnte nach der Eröffnung 1885 befand. Der ganze Stolz unter den Souvenirs ist eine Magazindoppelseite vom 24. August 1992, auf der Garri Kasparow, ehemaliger russischer Weltchampion, abgebildet ist, der hier nicht nur kurz vorbeikam, sondern 30 Partien gegen die Stammgäste spielte und gewann.

Schach ist nicht nur ein Spiel, sondern eine Philosophie. Oder wie es das Zitat Emanuel Laskers an der Theke ausdrückt: »Auf dem Schachbrett der Meister gilt Lüge und Heuchelei nicht lange.« In Griechenland erfreut sich das Schachspiel landesweit großer Beliebtheit. Das Panellinion ist eine Oase, ein Zufluchtsort, die Spieler kommen, um ihre Leidenschaft zu teilen, nicht um um einen Titel zu konkurrieren. Wie die Einrichtung blieb auch die Liebe zum Schach eine zuverlässige Konstante. Einzig verändert hat sich der Umstand, dass man nicht mehr stundenweise bezahlt, so kann man nach einer Partie noch länger gemeinsam über dem Brett sinnieren, ohne ein Vermögen loszuwerden. Eile ist nicht geboten: Das Café schließt erst nach dem letzten Schachmatt, selbst wenn es Stunden dauert. Anders als unsere schnell getakteten Leben erfordert Schach Strategie und Geduld.

Adresse Mavromichali 16, Athen 10680, Tel. +30/210/3634492 | **ÖPNV** Metro bis Panepistimio (M 2); Bus 21, 22, 54, 60, 100, 224, 608, 622 oder 732 | **Öffnungszeiten** täglich 8–21 Uhr (oder später) | **Tipp** Die alte Antenne auf der juristischen Fakultät an der Ecke Solonos wurde im Zweiten Weltkrieg genutzt, um Morsezeichen an die Exilregierung in Kairo zu senden.

69 Die Papageienkolonie

Ex-Hansi wird wild

Niemand sei überrascht, wenn er ein Krächzen, Kreischen oder Quietschen zwischen dem Zwitschern und Zirpen zu hören meint, während er durch den Nationalgarten spaziert, den ursprünglich Königin Amalie als Hofgarten angelegt hatte. Es ist keine Einbildung und auch kein verzerrtes Hupen des Verkehrs draußen: Das war ein Papagei.

Es ist ein offenes Geheimnis, dass sich in diesem Parkland von 15 Hektar inmitten der griechischen Hauptstadt eine größere Kolonie von wilden Papageien niedergelassen hat, von einer schwankenden Zahl von Sittichen bis zum einen oder anderen Kakadu. Nicht immer erspäht man sie leicht; selbst größere Spezies wie der Halsbandsittich (*Psittacula krameri*) oder die Amazone mit ihrem überwiegend grünen Gefieder sind im Laub schwer auszumachen. Wer sein Auge jedoch vom Ohr leiten lässt, wird sie auf höheren Zweigen erblicken, besonders in der Gegend um das Botanische Museum, wo einige asiatische Bäume stehen, die den Papageien offenbar Heimatgefühle bescheren. Obwohl sie auch in anderen Athener Parks siedeln, ist dies die stabilste und am leichtesten zu beobachtende Population.

Vogelfreunde waren schon immer begeistert vom Nationalgarten – seine Größe und der Umfang seiner Flora prädestiniert den ehemaligen Palastgarten aus der Mitte des 19. Jahrhunderts zur Heimat einer großen Anzahl von Spezies, vom Wendehals (*Jynx torquilla*) bis zum Zaunkönig (*Troglodytes troglodytes*). Aber Papageien? Ornithologen glauben, die Kolonien seien von entflohenen Käfigvögeln gegründet worden oder von solchen, die die Besitzer in die Freiheit entließen, als sich der Neuheitseffekt abgenutzt hatte. Diese These stützen die Ansiedlungen in kleinen Vorortparks; diejenige hier jedoch ist die größte. Obwohl Tropenbewohner, scheinen sich die Tiere an die kalten Winter und das andere Futter angepasst zu haben – auch wenn Blätter und Beeren aus dem Naturhabitat sie noch immer am meisten anziehen.

Adresse Amalias 1, Athen 11634, Tel. +30/210/7215019 (Eingänge auch in der Vas. Sofias, der Irodou Attikou und im Zappeion-Park) | **ÖPNV** Metro bis Syntagma (M 2 und M 3); Tram; Bus 2, 3, 4, 11, 12, 40, 54, 165, 203, 204, 209, 224 oder 732 | **Öffnungszeiten** täglich 6–17.30 Uhr (variiert je nach Jahreszeit, Schließzeit immer etwa zum Sonnenuntergang) | **Tipp** Nahe der Vas. Sofias wurden Spuren eines 400 Quadratmeter großen Mosaiks ausgegraben und als Atrium einer römischen Villa identifiziert.

70_Plastikourgeio

Wachsendes Öko-Bewusstsein

An der Grenze zwischen dem raubeinigen Exarchia und dem vornehmen Kolonaki stößt man auf intelligente, kreative und nachhaltige Lösungen für ein plastikfreies Leben. Vorn im Laden findet sich alles von wiederverwendbaren Wasserflaschen und Kaffeetassen über fleckenlose Stahlstrohhalme und umweltfreundliche Einkaufstaschen bis zu Bambuszahnbürsten, trendigen Pausenbrotbeuteln aus Stoff oder kunststofffreien Schwämmen. Auch innovativer Schmuck oder hübsche Dinge fürs Innendekor, die von lokalen Designern aus Rohrleitungen, elektrischen und Computermaterialien hergestellt werden, sind zu haben.

Hinten befindet sich das Labor nach dem Vorbild des vom niederländischen Designer Dave Hakkens ins Leben gerufenen Abfallveredelungs-Projekts namens »Precious Plastic«. Dessen Idee ermöglicht es Menschen bereits global, ihre eigenen Labore mit selbst gefertigten Maschinen zu betreiben. Bitten Sie die Inhaber Daphne Marneli (mit archäologischem Museumshintergrund) und Fran Vardas (ein andalusischer Umweltkonservator), Ihnen die aufregende Ausrüstung zu zeigen, die sie sich fürs tägliche Leben gebastelt haben – Dinge wie einen Reißwolf, Extrusions-, Injektions- und Kompressionsmaschinen oder auch einen 3-D-Drucker, mit dem sich neue kreative und dekorative Dinge aus Plastik herstellen lassen. Nachbarn und Kunden, die Teil dieser Öko-Bewegung sein wollen, die dieses Geschäft promotet, bringen es vorbei.

Vardas and Marneli gründeten Plastikourgeio nach einem Inselurlaub mit ungenießbarem Leitungswasser. Da keine Recyclingtonnen herumstanden, sammelten sie alle Wasserflaschen, die sie finden konnten, und waren von der schieren Menge an Kunststoff alarmiert, die bald ihren Kofferraum füllte.

Neben dem Laden/Labor, das 2017 eröffnet wurde, betreiben die beiden aufklärende Gemeinde-Workshops und bemühen sich um Athens Cafés und Restaurants, um den Plastikverbrauch durch plastikfreies Trinken zu senken.

Adresse Asklipiou 51, Exarchia, Athen 10680, Tel. +30/210/0443356, www.plastikourgeio.com | **ÖPNV** Metro bis Panepistimio (M2) oder von der Bushaltestelle Agiou Nikolaou aus mit den Bussen 025, 026 oder 027 | **Öffnungszeiten** Mo, Mi 10.30–17 Uhr, Di 10.30–19 Uhr, Do, Fr 10.30–20 Uhr | **Tipp** Weiter die Asklipiou hinunter (Nummer 3) befindet sich das Kostis-Palamas-Museum, das jenem bedeutenden griechischen Dichter des 19. Jahrhunderts gewidmet ist, der die olympische Hymne schrieb.

71 Die Plateia Avissinias / Yousouroum

Wo gehen wir hin?

Irgendwann kommt jeder Besucher Athens über diesen Platz im Herzen von Monastiraki. Während der Woche stellen die hiesigen Geschäfte ihre Waren auf dem Bürgersteig aus – von sperrigen Möbelstücken über zierlichen Nippes bis zu Medaillen, Musikinstrumenten und Silberlöffeln. Es gibt nahezu alles, was man sich vorstellen kann. An Sonntagen schleppen Verkäufer, Sammler und Zigeuner noch mehr an, Schätze oder Tinnef, Secondhandkleidung, alte Radios, Bücher, Schallplatten und Zeugs aller Art. Der Ort ist nahezu unpassierbar, das Chaos von Krimskrams ergießt sich bis in die Nebenstraßen und bis zur Metrostation Thisio.

Namen und Traditionen dieses Platzes haben jedoch ihre eigene Geschichte. Zunächst, 1910, hieß er Auktionsplatz, denn ein paar Straßen weiter wurden sonntags Secondhandgüter versteigert.

Die Verbindung zu Abessinien ist vage. Manche Quellen bringen den Platz mit einer nahe gelegenen kleinen Ansiedlung von Äthiopiern in Verbindung. Andere sagen, die Benennung sei zu Ehren Haile Selassies, des Kaisers von Abessinien, erfolgt, der Athen 1924 besuchte und Hilfe für die Flüchtlinge aus Kleinasien anbot. In jedem Fall stammt der offizielle Name Avissinias aus den 1980ern.

Die Griechen hatten diesen Gebrauchtgüter-Basar seit dem 19. Jahrhundert Yousouroum genannt. Das Wort brachte es sogar zum Synonym für »Secondhandshop«. In Wahrheit handelt es sich dabei jedoch um den Namen eines jüdischen Einwanderers, Bohor Yousouroum, der 1863 nahebei ein Bekleidungsgeschäft eröffnete. Seine Vorfahren waren während der Inquisition aus Spanien ins Osmanische Reich geflohen. Als Griechenland die Unabhängigkeit wiedererlangte, emigrierte Bohor nach Athen. An Sonntagen brachte er seine Waren zum Hauptbasar. Mit der Zeit sagten die Leute: »Wo gehen wir hin? Zu Yousouroum, um einzukaufen.« Als er starb, weiteten seine Söhne das Geschäft aus, das zum Zentrum der jüdischen Gemeinde Athens wurde.

Adresse Plateia Avissinias, Ifestou 2, Monastiraki, Athen 10555 | **ÖPNV** Metro bis Monastiraki (M 1 und M 3), dann 3 Minuten zu Fuß | **Tipp** Athens erste Synagoge befand sich im Haus der Familie Yousouroum (Karaiskaki 1 und Ermou). Heute stehen sich ein paar Straßen westlich in Melidoni 5 und 8 zwei Synagogen gegenüber. Die ältere (Nummer 8, von 1905) öffnet nur an hohen Festtagen.

72 Das Porträt des Loukanikos

Hunde kommen in den Himmel

Als ein leicht anarchistisches Volk mit einer Seelenlandschaft voller demokratischer Ideale lieben es die Griechen, zu protestieren. Als die EU-Krise 2009 ihr hässliches Haupt erhob, geriet Griechenland international in die Schlagzeilen. In den folgenden Jahren wurde Athen zum Schlachtfeld mit direkten Konfrontationen zwischen barbrüstigen, vermummten Anarchisten und der behelmten Bereitschaftspolizei mit Schildern. Schaufenster wurden eingeschmissen, Molotowcocktails flogen durch die Luft, und die Athener schlossen die Fenster, um das Tränengas aus der Wohnung zu halten.

Unterdessen war Loukanikos (»Wurst«), einer von Athens unzähligen Streunern, stets auf der Seite der Protestierenden an der Frontlinie dieser dramatischen Ereignisse unterwegs, bellte die Polizisten an und ließ sich von Steinen, Tritten oder Flammen nicht aufhalten. Die Medien der Welt berichteten über diesen tierischen Demonstranten. 2011 bildete das Magazin TIME Loukanikos auf dem Cover ab. Der Song »The Riot Dog« von David Rovics war ihm gewidmet. Der vierbeinige Krieger stand sogar für die Dokumentation »Dogs of Democracy« von Mary Zournazi Pate; dort wird er als der »Che Guevara Griechenlands« gefeiert. 2012 wurde er von einer Familie aufgenommen, bei der er 2014 friedlich im Schlaf starb.

Abgesehen von seinen Protesten ist das moderne Athen auch für seine Graffiti berühmt, eine liberale Praxis, die Jahrtausende zurückreicht. Nach seinem Tod widmeten Straßenkünstler dem tapferen Hund ein riesiges Wandporträt mit dem Titel »Alle Hunde kommen in den Himmel«. Alex Martinez und N_Grams sagten, sie hätten ein Lächeln auf die Passantengesichter zaubern wollen.

Trotz Loukanikos' Weltruhm wissen nur wenige von dem Porträt. Das wunderbar expressive und instagram-geeignete Bildnis sorgt für viele Emotionen – von oberflächlich bis herzblut-idealistisch.

Adresse Riga Pallamidou 4 und Sarri, Psyrri, Athen 10554 | ÖPNV Metro bis Monastiraki (M 1 und M 3) | Tipp Ein paar Straßen weiter in der Evripidou bietet das griechische Deli und Restaurant Ta Karamanlidika Tou Fani leckere Happen an, die man im Hof verputzen kann. Die Mezze-Karte ist unglaublich und authentisch.

73 Die Posamenterie Mentis

Ausbeuterbetrieb oder Lebensretter?

In der unscheinbaren Straße unterscheidet nur die schwarze Fassade dieser alten Fabrik das Haus von seinen Nachbarn – und ein Türgriff aus rotem und weißem Garn. Plötzlich bleibt ein junger Mann hinter uns stehen, erkennbar irritiert: »Ist das das Mentis? Meine Mutter hat hier Jahre gearbeitet. Ich hab Gänsehaut.«

Vor nicht allzu langer Zeit gab es in Athen eine Vielzahl kleiner Textilfabriken. Die Angestellten, die die Maschinen bedienten, waren meist Frauen aus armen städtischen oder ländlichen Haushalten oder gar Waisenhäusern wie die Mutter unseres neuen Bekannten. Während hochnäsige Fremde auf diese Fabriken als Ausbeutungsbetriebe herabschauen mögen, verdienten sich diese Frauen hier sowohl Geld als auch Unabhängigkeit und fanden darüber hinaus in den Fabriken eine neue »Familie«.

Nach historischen Aufzeichnungen gründete Spyros Mentis seine erste Fabrik 1867 in Nafplio (Peloponnes) und machte sie zu einer der größten in Griechenland; seine Nachfahren allerdings datieren dies auf 1820. Nach der griechischen Unabhängigkeit zog Mentis nach Athen, um dem Palast und der wohlhabenden Bourgeoisie nahe zu sein, die es nach Seidenaccessoires wie etwa Garnituren für Polstermöbel, Litzen, Kordeln, Tressen und Fransen für ihre Salons und Garderobe gelüstete. Zudem brauchten sie Goldbrokat für ihre Schwertscheiden sowie Troddeln und Fransen für die heutige Präsidialgarde, die Evzonen. Im 20. Jahrhundert besaß Mentis mehrere Fabriken in der Hauptstadt.

Ende des Jahrhunderts jedoch mussten sie schließen. 2011 spendeten Mentis' Nachfahren ihre letzte Fabrik dem Benaki-Museum. Dies ist jedoch nicht nur ein Showroom für bunte Garne und altmodische Maschinen. Alles funktioniert noch, Tag für Tag: Man sieht die Webkämme tanzen und Farbbänder weben und kann sich Ohrringe mit Troddeln oder eine gefranste Schärpe kaufen.

Es ist ein faszinierender Blick in eine versunkene Ära, als Menschen und Maschinen zusammenarbeiteten, um Reales statt Virtuellem zu kreieren.

Adresse Polyfemou 6, Petralona, Athen 11854, Tel. +30/210/3478792, www.benaki.gr | **ÖPNV** Metro bis Petralona (M 1), dann zehn Minuten Fußweg; Bus 035, 049, 227, 500, 815, 838, 914, B 18 oder Γ18 | **Öffnungszeiten** Di–Sa 10–15 Uhr | **Tipp** Besuchen Sie die ganztags geöffnete Bar Upupa Epops, die sich eine Minute entfernt in der Alkmenis 7 befindet. Die drei Häuser aus den 1930ern um einen zentralen Hof sind umgebaut worden, während man die Einrichtung der Epoche erhielt. Der Name bezieht sich auf den Wiedehopf, Aristophanes' König der Vögel in seiner Komödie »Die Vögel«.

74 Der Prosfygika-Komplex

Denkmal oder Abrissbirne?

Die Alexandras Avenue ist ein lautes, unattraktives Pflaster, aber nicht ohne Charakter. Da wäre zunächst das Panathinaikos-Fußballstadion (PAO), das übersät ist mit Fotos von Nationalhelden, Graffiti von Skeletten und dem PAO-Symbol, einem dreiblättrigen Kleeblatt. Gegenüber der Avenue steht ein großes weißes Gebäude, das Polizeihauptquartier, und weiter die Straße hoch das imposante Berufungsgericht.

Gegenüber dem ausgedehnten PAO-Stadion steht eine Reihe von niedrigen, baufälligen Apartmentblocks, die aussehen wie aus zerknülltem Paketpapier zusammengesetzt. Man könnte meinen, diese vom Bauhaus inspirierten Häuser seien aufgegeben und verwahrlost, wären da nicht Spuren von Leben auf den winzigen Balkonen – ein roter Sonnenschirm oder Wäsche, die im Wind flattert. Dies ist der Prosfygika-Komplex, der 1934 gebaut wurde, um griechische Flüchtlinge unterzubringen, die nach dem Griechisch-Türkischen Krieg 1922 ins Mutterland geflohen waren. Allein die schiere Größe erstaunt – die Anlage besteht aus sechs Häuserreihen und 228 Wohnungen. Bei seiner Errichtung war dies ein fortschrittliches Projekt; die Wohnungen sollten bescheiden, aber funktional ausfallen, dazu kam viel gemeinschaftlicher Raum.

Schon mehrfach drohte den Gebäuden die Abrissbirne: 1967 wollte die Militärjunta sie abreißen und einen Park errichten. 2000 plante der Staat, den Komplex zu zerstören, um eine attraktive Grünanlage daraus zu machen. 2005 kaufte die Hellenic Real Estate Corporation 180 der Wohneinheiten, doch vehemente Proteste wegen ihres historischen Wertes führten dazu, dass sie 2008 unter Denkmalschutz gestellt wurden.

Obwohl einige der ursprünglichen Bewohner dort noch immer verbissen hausen, sind viele Wohnungen von obdachlosen Hausbesetzern, Politaktivisten, Drogensüchtigen und Flüchtlingen okkupiert. Die Kontroverse um das Schicksal der Prosfygika-Bauten schwelt bis heute.

Adresse Alexandras Avenue 165–169, Athen 11472 | **ÖPNV** Metro bis Ambelokipi (M 3); Bus A 7 | **Tipp** In der Panormou-Straße (Nummer 3) nahe Alexandras kann man bei Peinirli Ionias griechische Snacks in Calzone-Machart mit köstlichen Füllungen probieren.

75 Der Pyrgos Vasilissis

Märchenschloss mit Bio-Wein

Die unabhängige, abenteuerlustige und naturverliebte Königin Amalie erforschte Athen gern auf dem Pferderücken. Als sie bei ihren Ausritten auf ein fruchtbares Tal des Flusses Kifissos stieß, war sie sofort verzaubert. 1838 kaufte sie es zwei Engländern ab, die bereits Obstbäume und Weinstöcke gepflanzt hatten, und folgte der Vision, ein Stück Vorzeige-Landwirtschaft daraus zu machen und moderne Anbaumethoden anzuwenden.

Der »Königinnenturm« Pyrgos Vasilissis, wie er heute genannt wird, steht im nicht weiter bemerkenswerten Viertel Ilion. Besucher dieses lauschigen Ortes sind stets hingerissen vom plötzlichen Szenenwechsel. Eben war noch Großstadt-Mief – da tun sich diese 30 Hektar Land mit gepflegten Gärten, romantischen Springbrunnen, Statuen, Blumen aller Art, einem Bio-Weingarten (Top-Qualität) einschließlich Olivenhainen und Obstbäumen auf.

Obwohl ein solches Idyll schon für sich genommen ein Augenschmaus ist, bildet die Sommerresidenz von Königin Amalie und König Otto das Juwel in der Krone: Das märchenhafte Schloss im gotischen Stil wurde Hohenschwangau in Bayern, Ottos Heimat, nachempfunden und vom französischen Architekten François-Louis-Florimond Boulanger entworfen. Es hat Schutzwälle, Tore und vieleckige Türme. Sein Interieur ist exquisit eingerichtet, herrliche Deckenkunst und elegantes Mobiliar – ebenfalls von Boulanger – schmückt jeden Raum.

In der Empfangshalle zieht man die Schuhe aus, um den verblüffenden handgearbeiteten Parkettboden in einem jüngst renovierten Raum zu schützen, dessen blaue Seidenwände strahlende Golddetails zieren.

Amalies Farm stellt ein ökologisches Erbe dar, das bis heute fruchtbar geblieben ist. Die Eigentümer heißen Besucher willkommen, bieten Führungen über das Grundstück an und organisieren Weinproben, während die Organisation Earth NGO hier über ihr »Earth Centre« Bildungs-Workshops durchführt.

Adresse Dimokratias Avenue 67, Ilion 13122, Tel. +30/210/2313607, www.pyrgosvasilissis.gr | **ÖPNV** Vorortbahn bis Pyrgos Vasilissis, dann mit dem Bus nach Menidi; Bus A 10, B 10 oder 735 | **Öffnungszeiten** nur nach Absprache; anmelden unter Tel. +30/210/2313697 | **Tipp** Kaufen Sie im Weingut eine Flasche Wein und bringen Sie etwas zu essen mit: Im Umweltpark Antonis Tritsis nebenan kann man herrlich picknicken.

76 Remember Fashion

Hollywood entdeckt den Punk

Ein Laden, den man so leicht nicht vergisst: Die Treppe am Eingang, die mit Graffiti-Slogans wie »Öffentliche Apathie« oder »Uns beherrscht niemand« übersät ist, bietet die passende Einleitung. Eröffnet wurde das Geschäft nach der Zeit der Militärjunta (1978) vom exzentrischen Künstler Dimitris Tsouanatos. Seine Originalentwürfe kauften junge Leute, die aus dem finsteren Käfig der Tradition ausbrechen und sich durch ihren Kleidungsstil ausdrücken wollten. Zu jener Zeit machte sich auch die Punk-Bewegung lautstark bemerkbar, was den Laden für diejenigen Kunden interessant machte, die mit einer westlicheren Form der Selbstbehauptung liebäugelten.

Die Mode der 1980er ist bis heute ein durchgängiges Motiv in den Entwürfen. Tsouanatos' Liebe zu kreativen Jugendkulturen und Musik hat seine Arbeit kräftig eingefärbt – Schattierungen von New Wave, Rock, Metal, Rave und Electronica sind sichtbar. Fast alles im Laden – die T-Shirts mit gemalten Gesichtern oder Originalfotos, die goldverzierten Kitschanzüge im Elvis-Stil oder BDSM-Kluften in Leder, darüber hinaus Accessoires wie Hüte, Schuhe oder Schmuck – ist von ihm selbst entworfen.

Der Meister, der auch ein renommierter Bildhauer und Maler ist und drei Gedichtbände mit eigener Collage-Kunst herausgegeben hat, ist unter den Künstlern Griechenlands und der ganzen Welt zur Kultfigur aufgestiegen. Die meisten Stücke sind Unikate oder werden in kleiner Auflage hergestellt (in den letzten Jahren auch von seinem Sohn), was den Trägern zu einem unverwechselbaren Stil verhilft.

Es ist kein Zufall, dass der Laden nicht nur von einheimischem Kunstvolk und Modefreaks frequentiert wird, sondern auch von Hollywoodstars wie Chloë Sevigny, den Stars aus »Orange Is the New Black«, Lana Del Rey und einer Vielzahl von Rockern wie den Ramones, den Scorpions oder Debbie Harry. Fotos aller Kunden, ob berühmt oder nicht, werden in Fotoalben festgehalten, die man durchblättern kann.

Adresse Eschilou 28, Psyrri, Athen 10554, Tel. +30/210/3216409 | ÖPNV Metro bis Monastiraki (M1 und M3) | Öffnungszeiten Mo–Sa 10–21 Uhr | Tipp Noch mehr eigenwilliges Athen erlebt man beim Frühstück im Bett bei Spiti Mas, einem Café-Bistro in der Navarchou Apostoli (fünf Gehminuten entfernt), wo das Leben daheim nachgeahmt wird.

77 Die Rösterei Rizopoulos

Perfekt aufwachen

Allein der Geruch von frisch gebrühtem Kaffee rüttelt einen mit einem Ruck wach, die griechische Duftnote dagegen ähnelt eher einer samtigen Liebkosung – schwer, sanft und beruhigend. Obwohl er durch Café frappé und Cappuccino aus der Mode gekommen ist, ist der griechische Kaffee noch immer der einzige, den viele ältere Griechen trinken.

Neugierige können diese altehrwürdige Tradition bei Rizopoulos probieren, einem Familienbetrieb, der seit über 100 Jahren auf demselben Grundstück nahe dem Rathaus Kaffee kauft, röstet, verkauft und aufbrüht. Säcke mit Kaffeebohnen bedecken den Boden, warten darauf, geröstet und in die Mühle geschaufelt zu werden, um dann jenes wohlriechende Pulver zu ergeben, das man in den *briki* (Mokkatopf) rührt.

Obwohl das Unternehmen seit 1901 expandiert und seine Palette um andere Produkte erweitert hat, ist sein Kerngeschäft noch immer der griechische Kaffee. Ganz gleich, wie viel zu tun ist – stets wird sich die Bedienung Zeit nehmen, zu erklären, wie er richtig gebrüht wird: *sketos* (einfach), *glykys vrastos* (süß und gekocht) oder *me kaimaki* (mit Schaum). Bei jeder Methode ist Geduld der Schlüssel, Eile schadet nur. Das Wasser sollte langsam – idealerweise auf dem Herd – erwärmt und der Kaffee sofort hinzugefügt werden, sodass das Pulver seine Geschmacksnote entfalten kann. Nur einmal umrühren, wenn man den Kaffee ins Wasser gibt, und direkt vom Topf in die Serviertasse gießen, um das Aroma zu erhalten.

Geduld ist bei griechischem Kaffee auch das Genussgeheimnis. Er wird zum Frühstück und am späten Nachmittag geschlürft, nicht den ganzen Tag über nebenher heruntergekippt. Die Bedienung wird auch davon abraten, mehr als 200 Gramm zu kaufen; 100 bis 150 Gramm ist die übliche Menge. Vielleicht ist dies nicht das effizienteste Gschäftsmodell, aber für Rizopoulos hat sich das fröhliche »Bis nächste Woche dann!« bezahlt gemacht.

Adresse Stefanou 1, Athen 11634, Tel. +30/210/3218428 | **ÖPNV** Metro bis Omonia (M1 und M2); Bus 35, 227 oder 500 | **Öffnungszeiten** Mo–Do 7–16 Uhr, Fr 7–17 Uhr, Sa 7–15 Uhr | **Tipp** Griechischer Kaffee wird mit Loukoumi, einer Süßigkeit, serviert. Wie man die herstellt, kann man bei Loukoumia Vomvilla (Theodoritou Vrestheni 7, Neos Kosmos) beobachten.

78 Die Salzhöhle

Mutterschoß-Vibe in Glyfada

Nur 45 Autominuten südlich des Athener Zentrums liegen endlose Küstenlinien, manche davon geeignet zum Sonnenbaden, Schwimmen oder Einatmen reinigender Ozonbrisen. Wer ein intensives und ernsthaft therapeutisches Erlebnis sucht, sollte die Salzhöhle Glyfada besuchen. Weniger als eine Stunde bloßen Sitzens kommt hier drei Tagen am Meer gleich. Auf dem Weg zur einzigen Salzhöhle Griechenlands könnte man sich von der Stille des heruntergekommenen Einkaufszentrums City Plaza ein wenig abgetörnt fühlen. Es ist wegen der Finanzkrise halb verlassen. Wer jedoch die »Höhle« selbst betritt, fühlt sich hier sofort gut aufgehoben.

Die in weichen Orangetönen beleuchtete Anlage aus in Polen abgebautem Salz (mit ein wenig Totem Meer mit drin) wurde zur Halotherapie entworfen (»halo« kommt von Griechisch »Salz«), um die Atemorgane zu entgiften, das Nervensystem ins Gleichgewicht zu bringen und dem Immunsystem gleich auch noch eine Stärkung zu gönnen – um nur ein paar der Wirkungen zu nennen. Mit seinem hohen Mineralgehalt und seinen antimikrobiellen und antibakteriellen Eigenschaften kann konzentriertes Salz Hauterkrankungen wie Psoriasis und Ekzeme lindern, den Schlafrhythmus regulieren und selbst bei chronischen Leiden wie Asthma und Rheuma helfen.

Viele kommen her, um in den schwerkraftfreien Stühlen zu sitzen und die Beine hochzulegen, während sie dem Sound von tropfendem Wasser lauschen, der von den beiden Salzfontänen herüberhallt. Sie wurden installiert, um bei einer Temperatur von 22 Grad die Feuchtigkeit aufrechtzuerhalten. Andere gönnen sich eine entspannende Thai- oder Ölmassage oder eine Beauty-Behandlung von Expertenhänden oder nehmen an einem Yogakurs teil. Die Salzhöhle organisiert auch monatliche Events wie Soundbäder, bei denen tibetanische Gesänge und Gongs andersweltliche Harmonien zum Klingen bringen, die perfekt zum Mutterschoß-Vibe der Höhle selbst passen.

Adresse Vouliagmenis Avenue 85 und Antheon, in der City Plaza Mall, Athen 16674, Tel. +30/210/9642550, www.glyfadasaltcave.com.gr | ÖPNV Metro bis Elliniko (M2), dann Bus 171, A3 oder X 97 bis Antheon | Öffnungszeiten Mo, Mi, Fr 9.30–20 Uhr, Di, Do 9.30–21.15 Uhr, Sa 9.30–17 Uhr | Tipp Bleiben Sie auf dem Gesundheitspfad, indem Sie zu Yi laufen (sieben Minuten), Athens einzigem Rohkost-Restaurant mit Zen-Dekor.

79 Das Sanatorium auf dem Parnitha

Ruhelose Geister

Die Berge um Athen, besonders der Parnitha, der höchste von allen, haben sich in den letzten Jahren zu lebhaften Zielen für sportliche und andere Freizeitaktivitäten entwickelt. Hier sieht man Jogger, Radler, Blumenliebhaber, Hundefreunde, Klettermaxe und Picknick-Fans in allen Schattierungen. Sogar manische Vogelbeobachter und Hirschstalker trifft man an. Was man nicht erwarten würde, ist ein verwunschenes altes Gebäude, das wirkt wie aus einem Horrorfilm importiert.

Bei dem einstigen Sanatorium handelte es sich um einen fünfstöckigen amphitheaterähnlichen Bau (erbaut 1912), der einen alpinen Außenposten des Athener Evangelismos-Hospitals bildete. Man hatte ihn in der Hoffnung errichtet, die trockene, sauerstoffreiche Luft würde Tuberkulose-Patienten helfen. Da es in Griechenland vor den 1950ern kein Penizillin gab, starben dort jedoch über 120.000 Menschen innerhalb eines Jahrzehnts.

1965 wurde das Gebäude von einer staatlichen Touristenorganisation gekauft und zuerst in das Xenia Hotel (eine Kette dieses Namens stand an den schönsten Naturstandorten des Landes), später in eine Fremdenverkehrsschule umgestaltet. Die Mitte der 1980er aufgegebene, vandalisierte Anlage wurde zum populären Treff für Freunde des Paranormalen, die hier herumwanderten, um gruselige Infrarotaufnahmen und haarsträubende Tonaufnahmen von Geistern zu machen, die sie dort ewig gefangen wähnten (im Internet zu finden).

Als ob das Sanatorium selbst noch nicht genug wäre, liegt gegenüber »Der Park der Seelen«. Dieser wurde 2012 von dem Bildhauer Spyridon Dassiotis als Verneigung vor den Tbc-Patienten Griechenlands angelegt und zeigt menschenähnliche Gestalten, die aus verkohlten Baumstämmen geschnitzt wurden. Sie stammen aus einem verheerenden Brand, der 2007 auf dem Parnitha wütete. Die Gesichter der »Seelen« drücken Schmerz, Angst, Schrecken und Traurigkeit aus.

Adresse Parnitha, drei Kilometer vom Casino Mount Parnes, 13674 | **Anfahrt** mit dem Auto, 30 Kilometer nordwestlich von Athen entlang der Autobahn Athen–Lamia; wer mit dem Wagen nicht ganz hinauffahren will, kann ihn unten am Fuß des Berges lassen und die Seilbahn nehmen | **Öffnungszeiten** unbegrenzt, aber die Nacht ist nur etwas für Unerschrockene! | **Tipp** Eine kleine Expedition mit dem Rad zu Orten in der Nähe wie etwa der geheimnisvollen Höhle des Pan oder der Festung der Phylen aus dem 4. vorchristlichen Jahrhundert lohnt allemal.

80 Die schmutzigen Engel

Lieblinge der Vandalen

»Es ist besser, ein Auge zu verlieren als seinen guten Namen«, besagt ein griechisches Sprichwort. Das passt gewiss zum Schicksal eines quasi-barocken Springbrunnens, der als meistverschandelte Außenskulptur der Stadt gilt.

Der ganzjährig trockene Brunnen steht in der Mitte eines kleinen, baumbestandenen Platzes, der fast genau gegenüber dem Park Pedion Areos (»Feld des Ares«) liegt. Die Reinigungstrupps der Stadt haben regelmäßig damit zu tun, die Schmierereien zu entfernen, die die dreistufige Marmorskulptur zu einem öffentlichen Schwarzen Brett herabwürdigen, auf dem jeder seine Unzufriedenheit kundtut. Die delphinförmigen Wasserspeier scheinen besonders Fußballvandalen anzuziehen, während Politisches die oberen Ebenen bedeckt. Sogar die drei Trompete blasenden Putten ganz oben sind oft mit wütenden Kritzeleien bedeckt. Viel vom Marmor ist erodiert, einige der Zierelemente sind abgeplatzt oder abgebrochen.

Der Urheber des Brunnens ist ebenso unbekannt wie der Planer des Parks. Der einzige berühmte Moment des Parks war eine Rolle als Kulisse in der Filmkomödie »Poios Thanassis« von 1969. Doch auch dies geriet in Vergessenheit, als der Platz, damals mit Namen »Thymarakia«, zu Ehren der »argentinischen Demokratie« umbenannt wurde.

Der Brunnen wurde 1962 von der Stadt Athen aufgestellt. Er stammte aus dem Palataki (»kleiner Palast«), der einst König Georg I. als Landsitz gedient hatte. Auf dem Anwesen, zu dem Stallungen und eine Olivenpresse gehörten, stand eine zweistöckige Villa mit Türmen; die Wandbilder stammen von Nikiforos Lytras und Nikolaos Gyzis, zwei der gefeiertsten Maler des 19. Jahrhunderts.

Man nimmt an, dass der Skulpteur des Brunnens einer der zahlreichen Gäste war, die der ursprüngliche Eigentümer mit Schwäche für die Künste eingeladen hatte. Heute befindet sich in dem Gebäude die öffentliche Bibliothek von Haidari, einem der äußeren Viertel der Metropole Athen.

Adresse Plateia Argentinis Dimokratias, Leoforos Alexandras, Athen 11472 | **ÖPNV** Bus 14, 18, 19, 21, 230 oder 813 | **Tipp** Das Kunsttheater Fournos in der nahe gelegenen Straße Mavromichali ist der führende Veranstaltungsort Athens für experimentelles Kindertheater. Der Hauptakzent liegt auf digitaler Kunst.

81 Die Seerosen

Marathon für einen Traum

Jedes Schulkind in Griechenland weiß um die Schlacht bei Marathon und wie sie den Fortgang der westlichen Geschichte beeinflusste. Jeder Erwachsene kennt den Langstreckenlauf von der Bucht von Marathon bis ins Zentrum Athens, der an die Geschichte vom (möglicherweise mythischen) Langstreckenlauf des Pheidippides erinnert, der den Sieg der Griechen über die Perser verkündete. Die Gegend ist mit Relikten aus jener Zeit, noch früheren Funden und auch solchen aus der römischen Ära nur so übersät, doch wenige vermuten in der Ebene eine riesige Gärtnerei. Die meisten wären überrascht, zu hören, dass es hier neben den ultrafruchtbaren Gemüsebeeten und Gewächshäusern auch eine Seerosenzucht mit Teichen und Tümpeln gibt, in denen 20 verschiedene Sorten neben Hunderten anderer Pflanzen gedeihen.

Ioannis Gryllis' Liebesaffäre mit der Natur begann im Alter von zwölf Jahren mit Kakteen. Bücher entführten ihn in die Welt der tropischen Pflanzen, die auch heute noch seine Lieblinge sind. Er vertiefte seine Studien; mit Anfang dreißig zog er auf seiner Athener Dachterrasse Seerosen. Dann erwarb er nahe dem Flughafen Land, dem seine Schützlinge jedoch bald entwuchsen. 2012 zog er mit allen – 30 Lkws voll – auf ein 27.000 Quadratmeter großes Gebiet in Marathon. Seither schuf er eine Gärtnerei mit Grünem aller Art, sortiert nach Typ, aber auch nach dem Ursprungskontinent – sein ganz persönlicher botanischer Garten. Am verlockendsten wirken jedoch die Seerosenteiche mit ihren bunten Blüten und Fischen.

»Ich füttere die Fische und die Fische die Pflanzen«, sagt Ioannis. »Das Wasser ist voller Nährstoffe, der ideale Dünger.«

Nach einer Führung und einer Naschrunde mit Süßigkeiten von Ioannis' Mama fühlt man sich gestärkt, die historischen Stätten von Marathon zu erkunden: das archäologische Museum, den Grabhügel (einen 5.000 Jahre alten Friedhof), einen Schrein für die ägyptischen Götter, den Startpunkt des berühmten Laufs. Oder man geht einfach an den Strand.

Adresse Avlonas 50, Vrana, Marathon, Athen 19007, Tel. +30/22940/69534, +30/69777/07208, www.grylliswaterlilies.gr | **Anfahrt** auf der Marathon Avenue der Beschilderung zum archäologischen Museum folgen, nach Westen abbiegen (Plataion Avenue), Beschilderung zu Gryllis' Seerosen folgen, nach 1,5 Kilometern auf der Agiou Georgiou links halten und bis zur Straßengabelung fahren, rechts auf die Avlonas fahren, dann folgt die Gärtnerei; es gibt kleine Schilder am Weg | **Öffnungszeiten** tagsüber meist geöffnet, besser vorher anrufen | **Tipp** An der Wand der Gräberkreishütte befindet sich eine Karte mit allen antiken Stätten Marathons. Suchen Sie sich etwas heraus, besuchen Sie aber auf jeden Fall das (kleine) Museum in der Nähe mit Skulpturen aus der Villa des Herodes Atticus, dessen Reichtum das Theater unterhalb der Akropolis und das erste Stadion finanzierte (1896 für die Olympiade wieder errichtet).

82 Die Selbstmordklippe

Romeo und Julia von Athen

Die Akropolis kennt jeder, doch nur wenige Besucher wissen um das Drama, das der Fries des Parthenon der Athener Gesellschaft bescherte: ein Vorfall, der in der lokalen Umgangssprache noch heute widerhallt. »Ich werde mich von der Akropolis stürzen!« ist eine theatralische (auch spöttische) Reaktion auf Schock-Nachrichten.

Die Redewendung stammt aus dem späten 19. Jahrhundert. Es ging um die unter einem schlechten Stern stehende Liebe eines Romeo und einer Julia aus dem echten Leben. »Romeo« war der Militärarzt Michalis Mimikos und »Julia« die deutsche Palastgouvernante Mary Weber. Die beiden hatten sich unsterblich ineinander verliebt, nachdem sie sich in den Schlossgärten begegnet waren, wo sie sich weiter heimlich trafen. Die Romanze nahm eine tragische Wendung, als Marys Vater sich weigerte, dem Paar seinen Segen zu geben. Die verzweifelte junge Frau schrieb ihrem Liebsten, sie müssten heiraten, um ihre Ehre zu retten, da die Affäre nun öffentlich bekannt war. Als mehrere Briefe an Michalis unbeantwortet blieben, erklomm sie den höchsten Punkt, den sie kannte – die Spitze des Parthenon-Frieses. In einer mondbeschienenen Nacht stürzte sie sich vom heiligen Hügel.

Dabei handelte es sich um ein Missverständnis. Der junge Doktor hatte die Briefe nicht erhalten, weil sie an das Krankenhaus gesandt worden waren, er aber hatte eine Woche lang mit Fieber darniedergelegen. Als er – über die detaillierte Schilderung eines seltsam unbeteiligt erscheinenden Wachmanns, der offenbar keine Anstalten gemacht hatte, die junge Frau aufzuhalten – von Marys Tod erfuhr, erschoss sich der junge Mann.

Der Doppelsuizid versetzte Athen in einen Schockzustand. Dank Freunden wurden die beiden später gemeinsam auf Athens Erstem Friedhof begraben. Die traurige Geschichte wurde in einem Film von 1958 und in mehreren Liedern verarbeitet. Unmittelbar nach der Tragödie folgte eine Serie von Selbstmorden und Selbstmordversuchen.

Adresse Akropolis, Athen 11742, Tel. +30/210/3214172 | ÖPNV Metro bis Akropolis (M2) | Öffnungszeiten täglich, Sommer 8–19.30 Uhr, Winter 8.30–15 Uhr | Tipp Der Tempel des Äskulap, den man von der Dionysiou Areopagitou aus betritt, führt sehr nah an die Felsen heran, an denen man Mary fand.

83 Der Shop des Lyceum

Im Lyceum Club of Greek Women

Die Vitrine im Stadthaus aus den 1920ern, das in einer Seitenstraße des Viertels Kolonaki steht, übersieht man leicht. Wer jedoch auf der Suche nach authentischen und einzigartigen Souvenirs ist, dem sei der Museumsladen des »Lyceum Club of Greek Women« ans Herz gelegt.

Das 1911 von Kalliope Parren gegründete »Greek Women's Lyceum« sollte Frauen und ehrenamtliche Tätigkeiten fördern. Heute ist es die erste Adresse in Sachen Tanz und Kostüm; mehrere regionale Tanztruppen bieten Kurse an und treten in Griechenland sowie im Ausland auf. Wer nun meint, der griechische Tanz erschöpfe sich im hackenschlagenden Sirtaki aus dem Film »Alexis Sorbas« (wobei es den Sirtaki erst seit dem Film gibt), für den wird eine Kurzführung durch die zauberhafte Sammlung des Lyceums über dem Shop zur Offenbarung.

Kleidung ist seit der Antike ein wichtiger Bestandteil der griechischen Kultur und spiegelt zusammen mit der Kulinarik Unterschiede in den Regionen – nicht nur geografisch, sondern auch sozial. Die Sammlung ist wie ein Panorama der griechischen Volkstraditionen. Die Kostüme samt Zubehör vermitteln soziale, aber auch persönliche Informationen wie etwa das Geburtsdorf oder den ehelichen Status. Selbst die Art, auf die der Schal um Schultern oder Taille getragen wird, ist von Bedeutung.

Die Motive der Kleidungsstücke sind auf schönen, meist handgemachten Dingen abgebildet, die man im Shop erstehen kann. Die Mitbringsel reichen vom Üblichen – T-Shirts, Kaffeetassen, Kalender, Stoffbeutel – bis zum Exzentrischen und Ausgefallenen, wie etwa einem behaglichen Kontogouni-Mieder oder Kappen mit Quasten und gezopften Goldfäden. Die Keramiken sind handgefertigt. Fast alles wird bei Handarbeitskränzchen des Lyceums in ganz Griechenland gestrickt, gestickt, gewebt – sogar auch an den Webrahmen, die man hier besichtigen kann und an denen man kunstfertigen Weberinnen zusehen kann, wie sie Wolle in auf Bestellung gefertigte, prächtige Wandteppiche verwandeln.

Adresse Dimokritou 7A, Kolonaki, Athen 10673, Tel. +30/210/3611607 | **ÖPNV** Metro bis Syntagma (M2 und M3) | **Öffnungszeiten** Mo–Fr 10–14 Uhr | **Tipp** Schnappen Sie sich von der Desire Patisserie gegenüber eine Schachtel mit *marrons déguisés* – Kastanien in Milch- oder dunkler Schokolade.

84 Die Skateboarder-Piste

Brettkultur goes Klassik

Der Skateboarder, der verkehrt herum die Archelaou herunterbrettert, kann nur auf einen Ort zusteuern: die piazzaähnliche Lobby des Athener Konservatoriums. Das metallische Rollen der Räder, akzentuiert durch das zimbelähnliche Knallen von Holz auf dem Asphalt in einer Kurve, ist Musik in den Ohren der Brettflitzer, wenn auch nicht so sehr in den Ohren jener Schüler, die hier ihre Tonleitern und Skalkottas-Interpretationen üben.

Fast 40 Jahre war das Konservatorium ein Geisterhaus – es wurde als Werk der Militärjunta stigmatisiert, die 1967 die Macht an sich gerissen hatte und 1974 zusammenbrach, obwohl das Konservatorium 1871 gegründet und das Gebäude 1959 in Auftrag gegeben worden war. Verzögerungen kosteten ein ganzes Jahrzehnt, doch fertiggestellt wurde der Bau nie, nur sein Skelett.

Das wunderbar minimalistische Design von Ioannis Despotopoulos, das 35 Klassenräume, zwei Auditorien, eine Bibliothek und eine Konzerthalle beherbergt, verfiel zusehends. Zwischen 1976 und den 2010ern stand die Bauruine verlassen da und wurde von den rollenden Balancekünstlern und den Breakdancern entdeckt. Der Arkadengang im Erdgeschoss war der perfekte Treff: eine 130 Meter lange Marmorspur, zurückgebaut von der Straße und doch leicht zugänglich und zudem regengeschützt. Nach der Schule und an freien Tagen trafen sich die Rider hier zu inoffiziellen Wettbewerben und Showeinlagen.

Ihre Präsenz füllte das totgeglaubte Gebäude wieder mit neuem Leben, das dank dem neuen Direktor einer Komplett-Renovierung unterzogen wurde und im Jahr 2016 doch noch »eröffnet« werden konnte.

Skateboarder und Musikgelehrte koexistieren nun, während sich die Musikakademie zur Schule der darstellenden Künste umgestaltet. Die Konzert- und Ausstellungsräume sind eindrucksvoll anzusehen, das Gebäude gehört wohl zu den unterschätztesten Kulturorten Athens. Unterschätzt von allen außer den Skatern, heißt das.

Adresse Rigillis und Vas. Georgiou B 17–19, Athen 10675, Tel. +30/210/7240673 | **ÖPNV** Metro bis Evangelismos (M3); Bus 10 oder 550 | **Tipp** Das Hellenische Kindermuseum (»Exponate bitte berühren«) befindet sich im selben Gebäude.

85 Das Soutsos-Rallis-Haus

Bürgermeister der Schuhputzer

In jedem anderen Viertel würde dieses zweistöckige klassizistische Gebäude mit seiner eleganten Treppe Aufmerksamkeit erregen, hier jedoch konkurriert es mit der »Trilogie« entlang des Weges: der Akademie, der Universität und der Nationalbibliothek, Monumente, die Mitte des 19. Jahrhunderts errichtet wurden, um das glamouröse Erbe der Hauptstadt der neuen Nation zu spiegeln. Auch von einem gläsernen Büroblock wird es buchstäblich überschattet. Dass es überhaupt noch steht, muss auf seine Geschichte zurückgehen.

Die beginnt mit der Familie des ersten Eigentümers, im Epirus der frühen osmanischen Ära, als ein Mann namens Drakos nach Konstantinopel fuhr und sich durch die Hohe Pforte schlich. Seine Nachfahren änderten ihren Namen in Soutsos und brachten es zu Reichtum und Einfluss wie viele fähige Griechen. Einer wurde gar Herrscher über Moldawien-Walachei, sein in Bukarest geborener Sohn Skarlatos besuchte mit einem Stipendium von König Ludwig die Militärakademie in München. Später ernannte ihn Griechenlands erster Präsident Capodistrias zum Professor der neuen Militärakademie in Athen. Er wurde Ordonnanzoffizier von König Otto und dessen Kriegsminister und leitete die Befreiung Thessaliens von den Türken 1881.

In der Zwischenzeit dehnte sich die Hauptstadt aus. Panepistimiou, die breiteste Straße Athens, war nun ein Boulevard, den Villen säumten.

Skarlatos heiratete in eine alte byzantinische Familie ein, baute das Haus und zog seine beiden Kinder hier groß. Sohn Dimitrios wurde mit 33 Bürgermeister von Athen, brachte es auf zwei Amtszeiten (1879–1887) und zeichnete für den Stausee und den Markt verantwortlich. Wegen seiner Freundlichkeit den Armen gegenüber schmähte ihn die Elite als »Bürgermeister der Schuhputzer«. Als er 1904 starb, verkaufte die Witwe das Haus an eine weitere Politikerfamilie, die Rallis', der Griechenland zwei Premierminister verdankt.

Adresse Ecke Panepistimiou und Korai, Athen 10564 | **ÖPNV** Metro bis Panepistimio (M2) | **Öffnungszeiten** nur von außen zu besichtigen | **Tipp** Diese Straße anzulegen war kein Sonntagsspaziergang, sie war voller Felsbrocken und verwandelte sich bei Regenfällen in einen Fluss. Der offizielle Name auf Schildern lautet »El. Venizelou«, aber niemand nennt sie so.

86_Stani

Das lebende Joghurt-Archiv

Vor 50 Jahren gab es im Ballungsraum Athen – Piräus mehr Milchbars als solche, die Alkohol ausschenkten. In jenen Tagen existierten rund 1.600 solcher Orte, an denen man eine Schüssel Joghurt, Reispudding oder *krema* (Milchpudding) löffelte, dazu gab es einen Krug mit kaltem Wasser oder einen Fingerhut griechischen Kaffee. Sollte einem diese Gewohnheit merkwürdig erscheinen, so ist man gewiss noch nicht in den Genuss von echtem griechischen Joghurt gekommen. Mit der Massenware im Supermarkt jedenfalls hat er nichts zu tun. Das zumeist aus Schafsmilch gewonnene Milcherzeugnis ist so dick, cremig und süß, dass es des dazu angebotenen Honigs und der Walnüsse gar nicht bedarf.

Stani, das 1931 in Piräus eröffnete, befindet sich seit 1949 am Omonia-Platz. Hier stehen Ruinen neben florierenden Imbissen und ein vornehmes Hotel neben einem Pornokino.

Das makellose Interieur von Stani entführt Gäste in vergangene Zeiten, alte Fotos hängen neben einer gerahmten Auszeichnung von 1953. Interessanterweise stammte der Gründer von Stani – was Schafstall bedeutet – aus derselben Gebirgsregion jenseits von Delphi wie die beiden größten Joghurthersteller Griechenlands, Delta und Fage. Die Familie Karageorgos hat es jedoch nie zur Expansion getrieben.

Der derzeitige Inhaber Thanasis würde seinen Joghurt nicht einmal einem anderen Geschäft verkaufen, geschweige denn welche eröffnen. Er ist stolz darauf, klein, aber authentisch zu sein. »Jeder Joghurt, den wir herstellen«, sagt Thanasis, »enthält die Originalkultur, die schon mein Großvater vor 90 Jahren verwendete, da wir immer etwas für den nächsten Schwung übrig lassen. Es handelt sich um eine dreifach ungebrochene Kette, da wir unsere Milch noch heute vom gleichen Produzenten wie er beziehen, und einige unserer alten Kunden bringen inzwischen die Enkel mit.«

In dieser sich rasend wandelnden Stadt bleibt Stani ein »beständiges Geschmacksarchiv«.

Adresse Marikas Kotopouli 10, Omonia, Athen 10432, Tel. +30/210/5233637, www.stani1931.gr | ÖPNV Metro bis Omonia (M2 und M3), dann zwei Minuten zu Fuß | Öffnungszeiten täglich, früh bis spät, drei Tage im Jahr geschlossen | Tipp Marika Kotopouli (1887–1954) war eine berühmte Bühnenschauspielerin, die das Omonia-Theater gründete (später nach ihr benannt, heute das »Rex«). Für ihre Skandal-Affären, manche mit jüngeren Schauspielerinnen, war sie jedoch ebenso bekannt.

87_Die Statue des Makriyannis

Echte Männer tragen Rock

Dort steht er in seinem Kilt, das Schwert bereit, nahe dem Eingang zur Plaka. Der Sockel weist ihn als General Makriyannis (1797–1864) aus, er verdient es jedoch, angemessen vorgestellt zu werden.

Geboren wurde er als Yannis Triantaphyllou in einer armen Familie in Zentralgriechenland. Mit 14 Jahren begann er für einen reichen Mann in Epirus zu arbeiten, brachte es bald selbst zu großem Wohlstand und trat den »Filiki Etairia« bei, einer geheimen revolutionären Gesellschaft. Während der Revolution kämpfte er so wacker, dass er befördert wurde, bis er 1824, mit erst 27 Jahren, den Rang eines Generals erreichte. Fünf Jahre später, nachdem er sich selbst das Lesen und Schreiben beigebracht hatte, begann er seine Memoiren aufzuschreiben. Sie gerieten nicht nur zu einer unschätzbaren Informationsquelle über den Krieg, die Nachkriegspolitik, die Menschen und die Gesellschaft, sondern wurden auch zu einem Grundstein der modernen griechischen Literatur. Der Nobelpreisträger Giorgos Seferis hatte zwecks Inspiration stets ein Exemplar auf seinem Schreibtisch liegen.

Nach dem Unabhängigkeitskrieg zog Makriyannis nach Athen, kaufte einen Hof unterhalb der Akropolis und wurde zu einem unerschrockenen Politiker, der sich nicht einmal scheute, König Otto zu kritisieren. 1852 wurde er verhaftet und wegen »Verschwörung gegen den König« zum Tode verurteilt, jedoch nach 18 Monaten entlassen. Wie so oft wurden seine literarischen Verdienste erst lange nach seinem Tod gewürdigt; sein zweites Buch, »Visionen und Wunder«, erschien erst 1983.

Seine Soldaten trugen wie der Erzähler alle Kilt, länger als jene der Evzone-Wachen heute. In der byzantinischen Epoche waren sie üblich und wurden von König Otto als Nationaltracht gewählt. Sie sollen mit 400 Falten versehen gewesen sein, eine für jedes Jahr der osmanischen Besatzung. Die Bronzestatue ist das Werk von Yannis Pappas, einem bekannten Bildhauer des 20. Jahrhunderts.

Adresse Ecke Vyronos und Dionysiou Areopagitou, Plaka, Athen 10558 | **ÖPNV** Metro bis Akropolis (M 2), dann zwei Minuten zu Fuß | **Tipp** Eine weitere Bronzestatue von einem Mann in einem Kilt steht gegenüber der Kathedrale. Sie stellt Constantinos Paleologos dar, den letzten Kaiser von Byzanz (1405–1453).

88 Die T.A.F.-Kunststiftung

Das neue Berlin

Zuweilen wird das heutige Athen das »neue Berlin« genannt; die krisengeschüttelte Stadt regeneriert sich auf innovative und inspirierende Weise und zieht Künstler aus aller Welt an. Das Bedürfnis, dieser Zeit einen kreativen Stempel aufzudrücken, ist groß, und so bilden sich überall Communitys.

Als die Kunststiftung T.A.F. Metamatic sich 2009 in einer Gegend mit verwahrlosten Sozialwohnungen niederließ, begann diese Welle gerade erst. Die Gründer wollten jungen Künstlern die Möglichkeit geben, ihre Arbeiten zu zeigen. Gleichzeitig eröffneten sie ein Café, um Kundschaft anzulocken, die sich nach der Magenfüllung auch frisch zubereitete Kunst zu Gemüte führen sollte. Seither sind 130 Projekte von 1.700 Künstlern über die Bühne gegangen – und das ohne Eintrittsgeld.

Wer an der alten Holztür in der engen Straße Normanou vorbeikommt, ahnt nicht, dass sich dahinter ein Abschnitt des Athen des 19. Jahrhunderts verbirgt – abgedeckt von einem Leinwanddach, das Tageslicht durchlässt. Hier stehen zwei heruntergekommene Gebäude, eines von 1870, eines aus dem frühen 20. Jahrhundert: ein zweistöckiges Haus und ein Bungalow, in deren zehn kleinen Zimmern ganze Familien hausten.

Heute nutzt die T.A.F. diese für Ausstellungen. Die in den 1950ern vom Land hergezogenen und an enge Wohnverhältnisse gewöhnten Familien teilten sich einen Hof. In diesem Hof befindet sich heute ein gemütliches modernes und doch rustikales Café samt Bar mit drei alten Bäumen.

Die T.A.F. beließ die Häuser in ihrem Originalzustand, was für einen frappierenden Kontrast zwischen abbruchreifen Räumen und vielfältigen Exponaten visueller, darstellerischer, fotografischer Natur, Installationen und anderer Kunst sorgt. Oben befindet sich allerdings noch ein Galerieraum in der üblichen Hochglanzoptik. Ein Shop mit griechischen Souvenirs von phantasievoll-künstlerischem Charakter rundet das Erlebnis ab.

Adresse Normanou 5, Monastiraki, Athen 10555, Tel. +30/210/3238757, theartfoundation.metamatic.gr | **ÖPNV** Metro bis Monastiraki (M1 und M3) | **Öffnungszeiten** Mo–Sa 12–21 Uhr, So 12–19 Uhr | **Tipp** Für einen Drink und Fingerfood mit einem der besten Blicke auf die Akropolis braucht man sich nicht weiter zu bemühen als bis zum Couleur Locale nebenan.

89 Die Tafel für Grigoropoulos

Keine Stille nach dem Schuss

Am 6. Dezember 2008 erschoss ein Polizist einen 15-jährigen Jungen – eine Tat, die nahezu einen Monat lang zu Aufruhr in Athen und anderen griechischen Städten führte. Im übrigen Europa gab es Solidaritätsproteste. Die kleine Gedenktafel aus Marmor ist oft von Blumen und Gedichten verdeckt, die Passanten hier abgelegt haben. Ihre geringe Größe wird der politischen Leidenschaft nicht gerecht, die der Vorfall auch ein Jahrzehnt später noch entfacht.

Alexis Grigoropoulos mag als recht unwahrscheinlicher »Revolutionsheld« erscheinen. Der Mittelschichtssohn wohnte in einem wohlhabenden Vorort und ging auf eine Privatschule. Es war die Schamlosigkeit seiner Todesumstände, die die meisten Griechen sprachlos machte. Grigoropoulos und eine kleine Gruppe von Freunden sollen beim Verlassen eines Subkultur-Cafés in Exarchia zwei Polizeibeamte provoziert haben – in diesem Bezirk ein häufiger Vorfall. Minuten nach dem Wortgefecht, nachdem die Polizei weggefahren war, kehrte einer der Ordnungshüter zurück und erschoss den Jungen. Wie ein Lauffeuer verbreitete sich die Nachricht über die sozialen Medien. Binnen Stunden ergoss sich die Wut in die Straßen Athens, gefolgt von anderen Städten. Feuer wüteten buchstäblich das ganze Wochenende hindurch, während die Aufständischen durch das Stadtzentrum randalierten und Geschäfte und Autos anzündeten. Am Montag zogen Schulkinder spontan durch die Straßen, später gefolgt von Gewerkschaften. Es dauerte Tage, bis die Unruhen abflauten, und einige Wochen mehr, bis der Protest sich vollkommen ersticken ließ.

Die Krawalle begannen ein Jahr, bevor die Regierung den Sturz des Landes in die Rezession verkündete – vielleicht waren sie Vorboten des kommenden Umbruchs. Ein Vorfall, der für die junge Generation genauso zur modernen Geschichte zählt wie der Aufruhr der Studenten gegen die Militärjunta 35 Jahre zuvor.

Adresse Ecke Tzavella (auch Alexandrou Grigoropoulou genannt) und Mesolongiou, Exarchia, Athen 10681 | **ÖPNV** Metro bis Panepistimio (M 2) oder Omonia (M 1 und M 2); Bus 21, 22, 25, 26, 27, 54, 60, 100, 224, 230, 608, 622, 732 oder 813 | **Tipp** Das Vinyl hat Exarchia nie verlassen. Music Machine (Didotou 16) führt eine vielfältige LP-Sammlung, die sogar Lady Gaga herlockte.

90 Das Taktile Museum

Gespür für die Antike

Athen ist für seine Museen berühmt, mit spektakulären Funden vollgestopft, die vor Historie nur so strahlen, doch bei allen Museen gilt die ernüchternde Ansage: »Gucken, nicht anfassen!« Ein Kunsthaus jedoch gibt es, in dem man Besucher ihre nackten Hände benutzen sieht, um jede Kurve, Linie, Ecke, Beule oder Falte der Schaustücke nachzufahren.

Das Taktile Museum wird von der Organisation »Leuchtturm der Blinden Griechenlands« betrieben. Sowohl Behinderte als auch Sehende sind willkommen, Gipsabgüsse von Meisterwerken wie Statuen, Reliefs, Amphoren, Theatermasken, Figuren und andere exakte Repliken griechischer Kunstwerke aus der kykladischen, minoischen, geometrischen, dorischen, klassischen, hellenistischen und römischen Epoche mit den Händen zu erforschen.

Das in einem klassizistischen Gebäude untergebrachte, geräumige Museum eröffnete 1984 und beherbergt die bemerkenswertesten Artefakte, die in Griechenlands und anderen Museen der Welt ausgestellt werden. Die Venus von Milo, der Wagenlenker von Delphi, Hermes von Praxiteles, Poseidon von Artemision und der archaische Kouros von Volomandra sind nur einige der Exponate, die man mit den Fingerspitzen ertasten kann. Alle werden von Archäologen instand gehalten, da das ständige Anfassen sie abnutzt.

Im Erdgeschoss kann man sich mit byzantinischen Ikonen, Marmorplatten und einer aufwendig geschnitzten Ikonostase haptisch vergnügen. Die Sehbehinderten wie auch die Sehenden (die eine Augenbinde tragen müssen) werden von einem Ehrenamtler durch das Haus geführt und mit der Ästhetik der Exponate in einer Weise vertraut gemacht, die durch visuelle Wahrnehmung allein unmöglich wäre. Sehende können zunächst hingucken. Später, mit Augenbinde, ermutigt man sie jedoch, zu erraten, was sie berühren. Ganz gleich, ob richtig oder falsch getippt: Die Wahrnehmung kann verwirrend oder erhellend ausfallen, wenn man die Welt auf diese Weise neu erfährt.

Adresse Doiranis 198, Kallithea 17673, Tel. +30/210/9415222, www.tactualmuseum.gr | **ÖPNV** Metro bis Kallithea (M 1), dann Bus 911 bis Faros Tyflon | **Öffnungszeiten** Mo–Fr 9–14 Uhr | **Tipp** In der Nähe begegnet man dem Stavros-Niarchos-Kulturzentrum, in dem die Nationaloper und die Nationalbibliothek untergebracht sind. Man kann über das Grundstück mit seinen endlosen Rasenflächen, den Wasserspielen und dem mediterranen Garten spazieren, der ein Dach über dem Opernhaus und der Bibliothek bildet, die Seeluft atmen und sogar ein Fahrrad ausleihen.

91 Der Tango in der Ermou

Tanz unter den Sternen

Eines Montagabends im Jahr 2009 platzierten der Tangoliebhaber Vassilis und seine Tanzpartnerin einen kleinen CD-Player auf dem Bordstein einer Fußgängerzone und gaben sich eine Stunde lang live dem argentinischen Tango hin.

Eine Woche später kehrten sie mit Freunden zurück und wiederholten ihre leidenschaftliche Darbietung – am selben Ort gegenüber dem Friedhof in Kerameikos mit Blick auf den funkelnden Lykabettos. Durch Mundpropaganda wurden bald etliche und schließlich Hunderte Paare angelockt. Wenig später war auch der Tango-Aficionado Giorgos Minadakis dabei, der die Organisation von Musik und Soundsystem mit riesigen Verstärkern und Konsole übernahm.

Kommt man im unteren Teil der kopfsteingepflasterten, von üppigem Grün umgebenen Straße Ermou an und folgt der Musik, die einen vom Stadttrubel Thisios fortlockt, ist man gefesselt vom Anblick der vielen Tänzer von 18 bis 80 Jahren, die dort mit Gusto eine kesse Sohle riskieren, sich herumschwenken und -wirbeln und sich im stolzen Wiegeschritt ergehen. Ob Anfänger oder Profi, ein Partner findet sich immer, insbesondere als Frau, da die Herren schon führen können sollten.

Das furiose Ereignis, das sich in einer Gegend ohne Wohnhäuser oder Geschäfte etabliert hat, findet jeden Montag bei Regen und Sonnenschein statt. In den heißesten Monaten sind seit neun Jahren über 400 Teilnehmer dabei. Die überschwängliche, freundliche Atmosphäre heißt jeden willkommen.

Hier finden die krisengeschüttelten Griechen ein Gemeinschaftsgefühl und expressive Erleichterung. Neben der Liebe zum Drama, die ihnen eigen ist, bietet der Tango Ablenkung von den Alltagssorgen.

Der Anreiz ist offensichtlich: Es kostet keinen Eintritt, und die Drinks bringt man sich selbst mit, um am ersten Tag der Arbeitswoche unter den Sternen zu schwoofen.

Adresse unterer Teil der Fußgängerzone Ermou, gegenüber dem Busbahnhof und dem Friedhof in Kerameikos; Info: Giorgos Minadakis, Tel. +30/693/6754351 | ÖPNV Metro bis Thisio (M 1) | Öffnungszeiten Mo 22.30–3.30 Uhr | Tipp Feiern Sie weiter, indem Sie die Straße Pireos am Ende der Ermou überqueren und das Nachtleben von Gazi erkunden.

92 Das Theater von Piräus

Kontrastprogramm

Als das Gemeindetheater 1895 eröffnet wurde, kam es größer und grandioser daher als jedes andere Theater in Athen. Seit 1882 war daran gearbeitet worden, als die Mittel, die man ursprünglich für seine Erbauung bereitstellen wollte – 200.000 Drachmen –, auf beinahe zwei Drittel des Stadtbudgets anwuchsen. Dem ambitionierten Projekt lag die Vision zugrunde, ein Symbol für Piräus zu schaffen, Geld sollte keine Rolle spielen. Wie alle anspruchsvollen Unternehmungen endete auch diese nicht nur hoffnungslos überbudgetiert, sondern kostete sogar mehr, als die Kassen der Stadt hergaben – 900.000 Drachmen –, was ein Darlehen der Nationalbank erforderlich machte.

Man war sich jedoch einig, dass ein Juwel entstanden war; die Einweihung zog ausländische wie griechische Würdenträger an. Der Architekt Ioannis Lazarimos aus Piräus, ein Absolvent des Berliner Polytechnikums und der École des Beaux-Arts in Paris, hatte das Interieur nach dem Vorbild des Odéon-Théâtre de l'Europe gestaltet. Die klassizistische Fassade mit korinthischen Säulen mutet eher römisch als griechisch an, die Bühne jedoch ist im Barockstil gehalten – eine der wenigen ihrer Art, die noch funktionieren.

Während der Glanzzeit des Hauses trat hier jede Theatergröße Griechenlands auf oder führte Regie. In Notzeiten spielte die renommierte Bühne jedoch eine andere Rolle. Während des Ersten Weltkriegs requirierte sie die französische Armee; während des Bevölkerungsaustauschs 1922 hausten hier Flüchtlinge aus Kleinasien. Das Theater erholte sich von der Bombardierung durch die Alliierten 1944 und vom Erdbeben 1981, das schwerere Beben 1999 beschädigte es jedoch weiter.

2015 wurde es, akribisch restauriert, in Anwesenheit des griechischen Präsidenten, des Premierministers und des Bürgermeisters wiedereröffnet. Die prächtige goldene Bühne, Logen, Balkone, die bemalten und modellierten Decken, der riesige Lüster allein sind schon den Eintritt wert.

Adresse Iroon Polytechniou 32, Piräus 18535, Tel. +30/210/4143310, www.dithepi.gr | **ÖPNV** Metro bis Piräus (M 1) und Bus 040 bis Korai-Platz oder zehn bis 15 Minuten zu Fuß, Bus X 80 ab Syntagma, Bus B 1, 049 oder 904 | **Öffnungszeiten** nur für Veranstaltungen geöffnet, während einer Matinee kann man jedoch einen Blick nach drinnen erhaschen | **Tipp** Das große viereckige Bauwerk gegenüber dem Theater trägt seinen Tarnüberwurf seit einigen Jahrzehnten. Es handelt sich um das unvollendete Projekt eines ehemaligen Bürgermeisters; hier sollten eine Schule, eine Stadthalle und ein Gericht entstehen. Auf die Fertigstellung sollte man besser nicht mehr warten.

93__Das To 24oro

Pause von der Party

Will man sich ins Athener Nachtleben stürzen, sollte man vorher ganznächtlich geöffnete Imbisse abstecken, wo man sich mit Late-Night-Leckereien eindecken kann, bevor man sich aufs Ohr legt. Traditionellerweise zieht es Nachtschwärmer zum zentralen Fleischmarkt, wo sie auf von der Schicht kommende Nachtarbeiter treffen. Als jedoch die Clubs von der Stadtmitte zur südlichen Küste zogen, wandte sich das Partyvolk dem To 24oro zu, wörtlich »Der 24-Stunden-Ort«. Die Taxifahrer entdeckten ihn als Erste und verbreiteten die Kunde in Windeseile unter ihren Fahrgästen. So wurde der Laden in den gut drei Jahrzehnten seit seiner Eröffnung zu einem Fixpunkt auf der Athener Party-Karte.

Gegen Morgen stolpern übermüdete, abgefüllte Nachtschwärmer herein und verlangen nach dem traditionellen griechischen Gegengift bei zu viel Promille: eine dampfende Schüssel mit *patsas* – eine stärkende Brühe, die trotz ihrer angeblichen Herkunft aus Sparta nichts für Zartbesaitete ist.

Fans schwören, nichts beruhige den Magen nach einer langen Nacht so wie *patsas*, trotzdem kann die Kuttelsuppe mit Schweinsfuß-Anteilen auch die gegenteilige Wirkung entfalten. *Patsas* ist die Nummer eins auf der Karte, daneben gibt es aber auch andere Suppen, die es lohnt zu probieren.

Klassiker wie Pizza und Burger, Pasta, Omelett oder gar Gegrilltes ziehen bei der Kundschaft ebenso. Jüngst wurde die Speisekarte um Eintöpfe, *mageirefta*, ergänzt, klassische griechische Hausmannskost.

Das Essen spielt nicht in der Gourmetklasse, und gesund ist es auch nicht, aber als Kneipenfraß spitze. Das Ambiente entspricht dem, was man von einer Taverne mit Abfütterstation erwartet: Die Köche wenden im Affentempo Hamburger und werfen Pizzas und Grillkeulen in den Ofen, damit die Schlange selbst zu Stoßzeiten nicht zu lang wird. Einen Tisch zu bekommen und zu bestellen ist dann einfacher, als einen Parkplatz zu finden.

Adresse Leoforos Syngrou 44, Athen 11742, Tel. +30/210/9221159 | ÖPNV Metro bis Syngrou-Fix (M2); Bus 1, 5, 10, 15, 40, 230, 550, A2 oder A3 | Öffnungszeiten rund um die Uhr geöffnet | Tipp Griechische Rock- oder zeitgenössische Musik hört man im Stavros tou Notou (Tharypou 37), einer der besten Live-Arenen der Stadt.

94 To Kompoloi tis Psyrri

Kummerketten, eine griechische Tradition

Vor einiger Zeit waren Männer, die »Kummerketten« in den Händen drehten, noch ein häufiger Anblick – auf der Straße, im Café, im Zug. Heute scheint das Smartphone ihren Platz eingenommen zu haben. Vasso Mahaira jedoch, die Inhaberin dieses bezaubernden Ladens, versichert, sie würden nie aus der Mode kommen.

»In Griechenland gibt es keinen Haushalt, der nicht zumindest eine Kette besitzt. Diese Tradition ist ausschließlich unsere. In anderen Teilen der Welt verbindet man Ketten mit Gebeten oder Religion. Hier jedoch benutzt man sie zur bloßen Entspannung, zum Stressabbau, um das Glück zu beschwören.«

Nach Mahaira entstanden Gebetsketten in Indien, als ein Novize 108 Samen auf eine Schnur zog, um seinen Lehrer an die Reihenfolge seiner Gebete zu erinnern. Der Brauch sprang auf die muslimische Sphäre über, wo man die Zahl auf 33 kürzte, und schließlich auf den Katholizismus mit seinem Rosenkranz – obwohl manche sagen, ein Mönch auf dem Berg Athos habe den Orthodoxen die Gebetsketten gebracht. Mahaira hält daran fest, die Ketten seien in Griechenland vor der Herrschaft der Osmanen unbekannt gewesen. Die Griechen hätten den Brauch kopiert, jedoch die Schnur verlängert, um den Perlen mehr Spielraum zu geben. Griechische Ketten haben keine festgelegte Perlenanzahl, ungerade muss sie jedoch sein, außerdem ein Vielfaches der Zahl Vier plus eins. Sie werden auf Seidengarn aufgefädelt und von einer größeren Perle abgeschlossen, die man »Papas« oder »Priester« nennt, mit oder ohne Quaste.

Das Angebot hier umfasst Hunderte Ketten, von Plastikware bis zu teureren Kreationen etwa aus Bernstein, Ebenholz, Koralle, Holz, Knochen, Geweih, Elfenbein, Harz oder Aprikosensteinen. Vor dem Kauf sollte man sie anfassen, reiben, damit spielen, daran riechen. Sie machen regelrecht Musik. Dann wählt man jenes natürliche Material, das einem zusagt. Die positive Energie könnte eine bestehende Smartphone-Sucht lindern.

Adresse Agion Anargyron 13, Plateia Psyrri, Athen 10553, Tel. +30/210/3243012, www.kobojewels.gr | **ÖPNV** Metro bis Monastiraki (M 1 und M 3), dann 10 Minuten zu Fuß | **Öffnungszeiten** täglich ab 10 Uhr, Mittags-/Nachmittagsschließzeit flexibel, abends 19–23 Uhr; nur zu Ostern und Weihnachten geschlossen | **Tipp** Um die Ecke vom Psyrri-Platz liegt die Karaiskaki, eine einzigartige Straße, die mit Dutzenden verschiedener Lampen behangen ist.

95_To Koulouri tou Psyrri

Sesamringe

Das Logo der Bäckerei »To Koulouri tou Psyrri« prangt auf Scootern, die stapelweise frische Brotringe geladen haben und damit zu Straßenverkäufern flitzen.

Sie sind eine moderne Spielart des *koulouri*-Verkäufers, der seinen Karren durch die Straßen zieht. Die werbewirksame Lieferung zu den *koulouri*-Verkäufern an den Straßenecken ist jedoch das einzige Update der Bäckerei, seit sie ihren Dauerbrenner in den 1960ern herzustellen begann.

Das Gebäck ist natürlich wesentlich älter als die unscheinbare Backstube im Herzen von Psyrri und stammt aus der Zeit des Byzantinischen Kaiserreichs. Den Brotring mit Sesamkruste verband man ursprünglich mit Konstantinopel und Thessaloniki. Die Assoziation mit Thessaloniki ist im Rest des Landes noch immer stark spürbar, außer in Athen, da bevorzugt man die dünneren, knusprigeren *koulouri*. Die Herstellungsmethode ist jedoch dieselbe. Das Geheimnis liegt im Sauerteig (»*prozymi*«) und im Holzofen, der die nussige Süße aus dem Sesam zieht.

Kennzeichen eines guten *koulouri* ist das Aroma – nicht nur im Ofen, sondern auch Stunden später. Das Backen geht vor dem Morgengrauen los; die taufrische Luft mischt sich mit dem Duft aus dem Ofen. Die Sesamringe werden noch warm gestapelt, lose verpackt und zu den Verkaufspunkten in Athen gebracht. Während der 1980er waren die Ringe das Standardfrühstück der meisten griechischen Büroangestellten und Schulkinder und wurden mit einem Stück eingeschweißten Schmelzkäse verputzt. Heute isst man sie oft pur. Trotz vieler Läden in der Stadt, die schickere Backwaren anbieten, sind sie noch immer beliebt.

Der Ring hält sich gut in einer Tasche oder einem Rucksack, ein leckerer und energiereicher Start ins Sightseeing. Verkäufer findet man meist im Stadtzentrum, oder man besucht die Bäckerei in Psyrri. Nach dem Weg braucht man nicht zu fragen, einfach immer der Nase nach.

Adresse Karaiskaki 23, Psyrri, Athen 10554, Tel. +30/210/3215962 | **ÖPNV** Metro bis Monastiraki (M 1 und M 3) | **Öffnungszeiten** täglich 7–13 Uhr | **Tipp** Belohnen Sie sich dafür, gesund gesnackt zu haben. Vintage-Schmuck und andere Geschenke gibt es in der Galerie Kartousa (Taki 9).

96_To Pagkaki

Das revolutionäre Café

Auf den ersten Blick wirkt To Pagkaki (zu Deutsch »Die Bank«) wie viele andere Cafés in dieser Fußgängerzone. Flippige, atmosphärische Treffs und Restaurants findet man zu beiden Seiten; Tische und Stühle laden dazu ein, eine Pause in der parkähnlichen Allee zu genießen.

Aber To Pagkaki ist anders. Es handelt sich um ein Arbeitskollektiv, das horizontal organisiert ist und ohne Hierarchie funktioniert. Alle Mitglieder bekommen denselben Stundenlohn, ganz gleich, was sie tun. Alle Entscheidungen werden gemeinsam gefällt, selbst die Website wechselt zwischen männlichen und weiblichen Pronomen, um zu zeigen, dass man Gleichberechtigung ernst nimmt. Die Idee stammt aus dem Jahr 2008. Dass zwei Jahre später, als die Krise zuschlug, die Eröffnung gefeiert wurde, ist purer Zufall. Die arbeitslosen, antikapitalistischen Gründungsmitglieder wollten »eine kollektive Antwort auf die Probleme des täglichen Lebens geben, die nützlich für andere wäre, statt sich der Depression und der Hoffnungslosigkeit zu beugen«.

Die Initiative unterstützt Kleinproduzenten im Inland und Gesinnungsgenossen im Ausland, kauft ihren Kaffee von Zapatistas in Mexiko und ihren Zucker von der Bewegung der landlosen Bauern in Brasilien und meidet dabei Marken und Supermärkte.

Ihr Ziele: günstig sein, Unterhaltung und Kreativität fördern, Ideen und Träume teilen, Aktionen für den guten Zweck unterstützen – wie etwa Freiheit für die Kurden, eine weitere egalitäre Gesellschaft – und den Profit spenden, wo nötig. Das Café wirkt einladend: Die Tische und Stühle sind bunt durcheinandergewürfelt und die Wände grün und gelb gestrichen (eine behangen mit einem Fahrrademblem), es gibt eine »Leseecke« und leise, lizenzfreie Musik aus schöpferischem Gemeingut (»weil wir geistiges Eigentum nicht mögen«). Wenn man einen Tee bestellt, kommt der Honig dazu in einer Schüssel an den Tisch und nicht im Plastikbehälter. Die überraschend umfangreiche Karte ist verlockend, und die Preise verleiten zur Völlerei. Aber auch Qualität gehört zur Philosophie des Cafés.

Adresse Georgiou Olimpiou 17–19, Koukaki, Athen 11741, Tel. +30/213/0009927, www.pagkaki.org | **ÖPNV** Metro bis Syngrou-Fix (M 2), dann zehn Minuten zu Fuß; Trolley 1, 5 oder 15 bis Koukaki, Trolley 10 und Bus 040, B 2, 126, 134, 136 oder 137 bis Olympiaki | **Öffnungszeiten** täglich 11–2 Uhr, Do 15–2 Uhr | **Tipp** Das Nationale Museum für Zeitgenössische Kunst befindet sich in der ehemaligen, sensationell umgebauten Brauerei Fix und liegt nur zehn Gehminuten vom Café entfernt.

97_To Valsamo

Der kleinste Laden Athens

»Valsamo« (Johanniskraut) wirkt beruhigend und gilt als Allheilmittel gegen so gut wie jedes Zipperlein. Die gelben Blüten der zuerst von Hippokrates erwähnten Pflanze *Hypericum perforatum* ergeben, wenn man sie in der Sommersonne in Olivenöl einweicht, eine rötliche Lotion. Sie ist gut für die Haut und wirksam gegen alle möglichen Schmerzen. Johanniskraut soll sich positiv auf die inneren Organe und das Muskel-Skelett-System auswirken und sogar Depressionen in Schach halten.

Der Anblick dieses Geschäfts nahe dem zentralen Markt sollte ohnehin jeden Blues verjagen. Nicht größer als ein Doppelkleiderschrank, liegt es an der Ecke der Evripidou, Gewürz- und Kräutermeile der Stadt, die sich mindestens sieben weiterer Souks rühmen kann – eine duftende Verneigung vor Griechenlands anatolischem Erbe. Dort hängen Girlanden aus Pfeffer und Oreganozweigen im Freien, während andere Gewürze aus offenen Säcken geschaufelt werden. In der Straße Athinas, Nummer 40, verkauft To Valsamo die aromatischen Kostbarkeiten in Klarsichtumschlägen, alle ordentlich in Regale gepackt, die zu vollgestopft aussehen, als dass auch nur einer mehr hineinpasste. Es sind vielleicht 200 verschiedene Arten und Sorten, in- und ausländische.

Nebenan, in Athinas 42, trägt ein größerer Laden denselben Namen; es handelt sich um eine jüngere Expansion des Doppelkleiderschranks. Yannis Zervos, dessen Großvater in den frühen 1980ern den ersten Laden eröffnete, bedient dort die Kasse und kann sich mit seinen Kenntnissen mit jedem Apotheker messen. Sein *pappou* hatte das Geschäft nach vielen Abenteuern eröffnet. Er hatte Lesvos 1940 im Alter von zehn Jahren allein verlassen, überlebte den Krieg, besuchte nie eine Schule und arbeitete in Cafés und anderen Läden, bevor er seinen eigenen erwarb. Bei näherem Hinsehen entdeckt man seltsame Übersetzungen; *taraxako* (Löwenzahn) = »Mist«, Absinth, *apsithia* = »unrein«, *kritikos* = »hungrig«. Yannis' Vater hatte die Etiketts einst beschriftet, und es war noch keine Zeit, sie zu korrigieren.

Adresse Athinas 40, Athen 10551, Tel. +30/210/3250956, www.to-valsamo.gr | **ÖPNV** Metro bis Monastiraki (M 1 und M 3) oder Omonia (M 1 und M 2), dann zehn Minuten zu Fuß | **Öffnungszeiten** Mo–Sa 7–17 Uhr | **Tipp** Den Varvarkeios-Markt nebenan gibt es seit 1886. Für Feinschmecker ist er ein Muss. Zartbesaitete könnten sich von den herumbaumelnden Tierkörpern, Schweine- und Rinderköpfen, Eimern mit Innereien und einem gewissen Geruch abgestoßen fühlen. In der Markthalle findet man die Taverne Epirus, einen Liebling der Shopper und Marktarbeiter.

98 Die Tournavitou-Straße

Farben des Regenbogens

Die Hausnummern enden hier bei 13. Die Tournavitou ist zwar nicht die kürzeste Straße Athens, wohl aber diejenige mit den meisten Farben des Regenbogens. Jedes ihrer niedrigen Gebäude ist in einer anderen Farbe angestrichen, von Himmelblau über Feuerrot, Buttergelb und Pistaziengrün bis zu kykladischem Weiß. Die Straße spiegelt die jüngere Geschichte von Psyrri wider. Vor 40 Jahren waren in diesem Viertel an der Grenze zu Monastiraki und dem Markt neben bürgerlichen Familien Menschen mit Berufen ansässig, die es nicht mehr gibt – Kärrner, Federmacher, Holz- und Kohleverkäufer. Wegen der Nähe zum alten Friedhof nannte man die Gegend *stachtothiki* (»Aschenbecher«).

In den späten 1990ern hatten Nachtclubs, Restaurants und ein Theater die aussterbenden Handwerke verdrängt, und die Tournavitou galt als »hot«.

Mit der Krise jedoch musste auch das Entertainment schließen, und die halb verlassene Straße verfiel. Als Hilfsgesuche bei den Behörden ungehört blieben, entschloss sich Themis Vasarmidis, der Inhaber des letzten überlebenden Clubs Tin Pan Alley, einen Imagewechsel vorzunehmen. Er beauftragte den bekannten Straßenkünstler Achilles, auf einer zerstörten Fassade ein Doppelwandbild anzubringen. Anwohner halfen dabei, die Häuser zu verwandeln, und Laniz, ein Ikonograf, schuf vor pistaziengrüner Wand einen stylishen Goldbaum mit einem Vogeltrio in den Zweigen.

Heute ist auch das Tin Pan Alley bis auf besondere Events geschlossen. Das Theatro Thission spielt jedoch den ganzen Winter durch für Kinder und Erwachsene. Am Ende der Straße zeigen Holzstühle, ein paar Tische und eine Sammlung von Krimskrams die prekäre Existenz eines der wenigen verbleibenden Geschäfte hier an, der Stuhlreparatur Athanasopoulos Karekladiko. Yannis Athanasopoulos sagt es so: »Jeder tut, was er kann, um die Straße bei Laune zu halten, und das Tin Pan Alley hält seine Wände mit vielen Schichten Farbe graffitifrei.«

Adresse Tournavitou, Psyrri, Athen 10553 | ÖPNV Metro bis Thisio (M 1), dann fünf Minuten zu Fuß | Tipp Mehr Straßenkunst von Achilles gibt es am Vinyl-Shop Imanta gegenüber den Stühlen und am Parkplatz des Kinos Psyrri an der Sarri eine Straße weiter.

99_Die Tür

… zu urbanen Legenden

Schon bei seiner Errichtung 1870 hob sich dieses Haus in der Straße Akadimias Nummer 58A deutlich von anderen privaten Athener Prestigebauten ab – Grund war der Metalldrache, der Passanten vom Balkon des ersten Stocks herab anbrüllte. Die märchenhafte Kreatur, in Griechenland ein unorthodoxes Symbol, ist geflüchtet, aber das Haus, das einst das Heim des sächsischen Architekten Ernst Ziller war, der einige der eindrucksvollsten klassizistischen Bauten Griechenlands entwarf, zieht noch heute Besucher an. Es sind nicht nur die schmale Fassade und die schwarze Metalltür des Seiteneingangs im gotischen Look, die für Neugier sorgen, sondern auch die vielen abenteuerlichen Geschichten, die sich in den letzten 100 Jahren darum rankten, was in diesem dreistöckigen Gebäude vor sich ging.

1923 wurde es vom griechischen Bankier Dionysios P. Loverdos übernommen, der die Räume mit seiner umfangreichen und kostspieligen Sammlung rarer byzantinischer Kunst bestückte. Religiös angehauchte Möbel, Ikonen, Wandmosaiken, Fresken und sogar ein reich verzierter Tempelraum schmückten das Heim des Bankiers. 1979 wurde es dem Byzantinischen und Christlichen Museum gestiftet.

Nach einer kurzen Einlage als Museum und Galerie wurde das Haus leer geräumt. Das einzigartige Gebäude stand so verlassen da wie heute und entwickelte sich (illegalerweise) zum Tummelplatz von Forschern, Fotografen, Geisterjägern und Okkultisten, die behaupten, dies sei einst der Treffpunkt des Deutschen Ordens in Athen gewesen, den Loverdos angeführt habe. Der Tempelraum sei als Feierstätte für den Treueeid genutzt worden. Eine andere, völlig unbewiesene, aber verbreitete Theorie besagt, es gebe Untergrundkammern, die zu den unterirdischen Gängen der Stadt führen. Merkwürdige Details wie fehlende Fliesen im Zentrum vieler Böden lassen so manch esoterisch geneigten Geist ruhelos zurück und machen das Haus zu einem der großen Mysterien Athens.

Adresse Akadimias 58A, Athen 10679 | **ÖPNV** Metro bis Syntagma (M 2 und M 3); Bus A 4, 026, B 2 oder 230 | **Tipp** Parallel zur Akadimias verläuft eine Straße weiter die Merlin, wo man in der Nummer 1 (Ecke Avenue Vas. Sofias) in einem großen klassizistischen Gebäude auf die Theocharakis Foundation stößt. Themenausstellungen, Konzerte und ein gemütliches Café im ersten Stock bieten sich nach der Erkundung der rätselhaften Tür regelrecht an.

100 Die »untere« Ermou

Kein Fleckchen mehr frei

Überall in Athen sieht man die Street-Art-Tags, Schriftzüge und Kritzeleien, die von brillanten Meisterwerken bis zu blindem Vandalismus reichen. Aber es gibt wenige Gegenden, in denen Graffiti ganze Abschnitte in solcher Dichte und Vielfalt überziehen: Diese kopfsteingepflasterte, autofreie Fußgängerzone der Ermou verbindet den Metro- beziehungsweise Zugbahnhof im Viertel Thisio mit dem Unterhaltungszentrum rund um das ehemalige Gaswerk. Die bunte Meile zieht sich den kompletten ganz in Marmor und Grün gehaltenen alten Friedhof in Kerameikos entlang – er bietet Abwechslung, sollten einem die Augen müde werden vom Flirren der leuchtenden Farben und phantastischen Formen.

Graffiti haben eine lange Tradition. Schon Athleten der Antike ritzten Kommentare in die Stadionwände. Das Wort selbst leitet sich aus dem Griechischen von *grapho* ab – ursprünglich bedeutete es »eingravieren«, heute »schreiben«. »Taki183«, der erste moderne Tag, geht auf einen jungen Griechen zurück, der sich 1969 in New York verewigte. Tausende kopierten überall seine »coole« Aktion; sie erblühte zu einer Kunstform. Man mag einwenden, es handele sich nicht immer um Kunst, sei nicht überall willkommen oder angemessen, in der Ermou gibt es jedoch Dutzende Gegenbeispiele.

Am Rand des Bezirks Gazi wurden Künstler beauftragt, die Wände von Lagerhallen zu verschönern. Hier sieht man gigantische Mauerbilder von Raven, Sive (einem Kunstlehrer aus Volos, dessen Karikaturen auch im »New Yorker« erscheinen), und an den Wänden des Gaswerks findet man Bilder von INO und AIVA, die immer zusammenarbeiten.

Anmerkenswert: Ein Heiligenschein bedeutet, dass der Künstler tot ist; die Besten werden »kings« genannt; einer sprüht nur »glückliche Penisse«; ein Meisterwerk verdient Respekt und darf nicht überkrakelt werden. Manches ist surreal, gruselig. Verzerrte Gestalten mögen einem Alpträume bescheren, aber unberührt lässt einen nichts. Der Beweis, dass die Kreativität besonders in Krisenzeiten gedeiht.

Adresse unterer Abschnitt der Ermou-Straße, von Thisio bis Piräus, Athen 10553 | ÖPNV Metro ab Thisio (M 1), dann zwei Minuten zu Fuß bis zum Start | Tipp Das Viertel Kerameikos ist nach den Töpfern und Keramikern benannt, die in der Nähe des Lehms an den Ufern des Eridanos und am Rand des Friedhofs lebten. Sie stellten Urnen und Grabornamente her.

101 Varsos

Der Geschmack der Kindheit

Die ersten Gebrüder Varsos eröffneten ihr Geschäft 1892 und zogen 30 Jahre später an den heutigen Standort in Kifissia. Seit den 1960ern ist dem Laden kein Facelift mehr gegönnt worden. Gehen Sie an den Tischen vorbei und treten Sie in eine riesige Halle ein: Es erwarten Sie gigantische Kühlschränke, Vitrinen und Marmortheken mit Marmeladen, Nüssen, Gebäck, süßen Keksen, herzhaften Pasteten, einer Schüssel Laban, Torten und Kuchen, Vanillepuddings, Gelees und Türmen von leeren, in Rot und Blau bedruckten Schachteln.

Von ein paar alten Fotos und einer antiken Preisliste abgesehen, ist kein Versuch unternommen worden, dem Laden einen schicken Look zu verpassen, aber der berauschende Duft von Frischgebackenem zieht einen magnetisch an. Spazieren Sie zum Sitzbereich hinten. Dort bestaunt man Regale mit *tsourekia* (Brioches), einer Unzahl von Baisers und Hunderten Sorten Süßigkeiten, Plätzchen und Konfekt.

Nicht einmal die Inhaber, Enkel und Urenkel der Gründer, können sagen, wie viele Köstlichkeiten gerade im Angebot sind, aber auch ohne Computer-Datenbank wissen sie exakt, wann ihnen etwas ausgeht. Die berühmtesten Naschwerke – Joghurts, Pasteten, Reispuddings, *tsourekia*, Millefeuilles – werden täglich aus frischen Eiern (500 bis 1.000), Milch (300 bis 700 Liter), Butter, Zucker und Mehl hergestellt, ohne Konservierungsmittel zu verwenden. »Wie früher eben.«

Die ursprünglichen Varsos-Brüder kamen aus den Bergen Zentralgriechenlands und verkauften nur Joghurt und Käse, erweiterten die Palette jedoch unter dem Einfluss der Köche in Kifissia, einem Villenviertel, in dem viele reiche Athener den Sommer verbrachten, um Milchdesserts und anspruchsvolleres Zuckerwerk.

Manchmal wirkt die Kundschaft so fossilienhaft wie das Geschäft, aber der Nostalgiefaktor reicht aus, um Familien und Ü-Vierziger herzulocken, die sich nach dem Geschmack ihrer Kindheit sehnen.

Adresse Kassavetes 5, Kifissia 14562, Tel. +30/210/8012472, +30/210/8013743, www.varsos.gr | **ÖPNV** Metro bis Kifissia (M 1), dann fünf Minuten zu Fuß; zwei Minuten von der A 7 und der Endhaltestelle der Buslinie 550 in der Kifissias Avenue | **Öffnungszeiten** Mo – Fr 7 – 1 Uhr, Sa 7 – 2 Uhr, So 7 Uhr–Mitternacht | **Tipp** An der Ecke Kifissias und Kassavetes sind die vier Sarkophage »im Glaskäfig« zu sehen, Relikte der römischen Epoche und ein Stück der römischen Schutzmauer.

102 Die verborgene Brücke

... und die Froschinsel

Jeden Tag fahren Tausende Athener ins Stadtzentrum oder verlassen es und überqueren dabei eine recht unbekannte Überführung. Die in den 1850ern errichtete Bogenbrücke aus Stein und Beton stützt den Asphaltabschnitt, an dem die Leoforos Vouliagmenis an der Südwestecke des Zeustempel-Standortes in die Athanasiou Diakou übergeht. Die Brücke überspannt das Ufer an der einzigen sichtbaren Stelle des Ilissos, eines Flusses, der einst eine Grenze des antiken Athen markierte, heute jedoch von der modernen Stadt überwuchert ist.

Der größte Teil der Brücke ging im Beton unter, mit dem man die Straße obendrüber baute, ein Abschnitt der Nordseite ist jedoch erhalten. Die Südseite wurde geschlossen, aber es lohnt sich, die exponierte Stelle zu erkunden. Wenn man sich an der Tempelseite der Straße entlangbewegt, bemerkt man eine niedrige Mauer kurz vor den Schienen der Straßenbahn. Hier ist ein Blick auf das trockene Flussbett zu erhaschen.

Dann geht man die Stufen an der Ardittou hinunter zur Kirche Agia Foteini – eine kleine Basilika aus dem 4. Jahrhundert, die über einem Tempel der Hekate gebaut wurde. Ein Fußpfad am anderen Ende des gepflasterten Hofes kringelt sich zurück zur Brücke, deren Bogen nun durch das Laub sichtbar wird. Das Flussbett ist zwar ausgetrocknet, kann aber nach Regen rutschig sein. Man stelle sich vor, das gedämpfte Geknatter der Motorräder hoch droben sei das Quaken der Frösche, die der Umgebung einst ihren Namen gaben – Vatrahonisi oder »Froschinsel«.

Vollendet wurde die Brücke während der Herrschaft Ottos I., des einzigen »Königs der Griechen«. Der Ort soll metaphysisch mit dem Untergang von Herrscherhäusern verbunden sein. Nach manchen Berichten ist hier auch Kodros, der letzte König der alten Hellenen, begraben. Es ist ein urbaner Mythos unter Schatzjägern, dass ein Goldstück, das er bei sich trug, hier irgendwo im Boden stecke.

Adresse Ecke Kalirrois und Vouliagmenis | ÖPNV Metro bis Syngrou-Fix (M 2); Tram; Bus 2, 4, 10, 11, 165, 227, 550, 856 oder A 3 | Tipp Die kleine Höhle im Felsen hinter der Kirche war wahrscheinlich dem Gott Pan gewidmet.

103 Die Vespasianae

Geld stinkt nicht

In der nordöstlichen Ecke der römischen Agora (oder des Weizenbasars, wie die Griechen ihn nannten) wird man rechts die Umrisse eines rechteckigen Gebäudes mit Marmorboden erkennen. Ein näherer Blick enthüllt eine erhöhte Bank mit zwei Löchern darin – alles, was von den 68 Sitzen einer ehemals sehr wichtigen Einrichtung auf dem Handelsmarkt übrig ist: die öffentlichen Latrinen.

Der ummauerte, 16 mal 18 Meter große Bau verfügte über eine Eingangshalle und ein Atrium über einem quadratischen Sitzbereich, das für Lüftung und Licht sorgte. Ebenso gab es fließend Wasser, das in einem Kanal durch den Raum gespült und dann in die Abwasseranlagen der Stadt geleitet wurde. Die Toiletten boten Schutz vor Passantenblicken, doch nicht annähernd die heute gewohnte Privatsphäre, denn die Örtchen lagen nur 56 Zentimeter auseinander.

Erst seit den Römern waren öffentliche Toiletten in jeder ihrer Städte vorgeschrieben, diese zivilisatorische Leistung kann gar nicht genug betont werden. Kaiser Vespasian wird zugeschrieben, sie 74 vor Christus eingeführt und eine Steuer darauf erhoben zu haben, um die Kassen zu füllen. Er war es auch, der sagte: »Pecunia non olet« (Geld stinkt nicht), als sein pingeliger Sohn Titus sich über die »Urinsteuer« aufregte. Vespasian soll ihm mit einer Münze unter der Nase herumgewedelt und gefragt haben, ob ein Geruch zu bemerken sei. Als Titus verneinte, wurde er vom Vater über die Herkunft des Geldes aufgeklärt.

Man muss sich vor Augen halten, dass Urin wegen seines Ammoniaks und Mineralgehalts eine wichtige Rolle in der Gerberei, als Bleichmittel in der Wäscherei und sogar als Mundspülung und Zahnpasta spielte. Letztere Praxis wurde erst im 17. Jahrhundert aufgegeben.

Seit dem 19. Jahrhundert werden öffentliche Außentoiletten in Italien und Griechenland »Vespasianae« genannt. Unter den Projekten, die mit den Klo-Penunzen des Kaisers finanziert wurden, war auch das Kolosseum in Rom.

Adresse Römische Agora, Polignotou 3, Monastiraki 10555, Tel. +30/210/3243220 | **ÖPNV** Metro bis Monastiraki (M 1 und M 3), dann fünf Minuten zu Fuß | **Öffnungszeiten** Mo–Fr 8–15 Uhr, Sa, So 8–17 Uhr | **Tipp** Das größte Gebäude auf der Agora ist die Fethiye (»Moschee der Eroberung«), die von den Osmanen errichtet wurde, um entweder der Eroberung Kretas 1686–1688 oder der Rückeroberung Athens nach der kurzen Beatzung durch die Venezianer zu gedenken, während der Morosini berüchtigterweise den Parthenon bombardierte.

104 Die Villa Benizelos

Die letzte Bastion des byzantinischen Athen

Die neu eröffnete Villa der adeligen Familie Palaiologou-Benizelou, die älteste der Stadt, war einst Heimat der Schutzheiligen Agia Filothei (1522–1589), die eigentlich Revoula oder Rygoula hieß – eine Frau, die sich während der osmanischen Besatzung mutig für Menschen in Not einsetzte.

Das Haus, dessen älteste Teile aus dem 16. und 17. Jahrhundert stammen (einschließlich Ergänzungen vom Ende des 18. Jahrhunderts und jüngsten Restaurierungen), ist heute ein Museum. Besucher können das zweistöckige Gebäude, den eleganten Hof mit Marmorbögen, die Relikte einer römischen Wand, eine Wein- und Olivenpresse im hinteren Teil und vorn einen Springbrunnen bestaunen.

Sehenswert ist eine kurze Dokumentation über Agia Filothei, obwohl ihr Leben deutlich dramatischer verlief, als der Film verrät. Die junge Revoula wurde im Alter von 14 Jahren an einen viel älteren Mann verheiratet und erlitt Jahre der Misshandlungen, bis er tot umfiel, als er in einem Männercafé Shisha rauchte.

1551 entschied sie sich statt für einen ihrer namhaften Verehrer für Gott und erhielt den Namen Filothei (Freundin Gottes). Sie machte es – obwohl es viele lebensgefährliche Risiken bedeutete – zu ihrer Mission, ihr Haus in einen »Parthenon« für Notleidende zu verwandeln, in eine Unterkunft für christliche und muslimische Frauen, die für ein Haremsleben vorgesehen worden waren und die sie in Handwerklichem unterrichtete.

Auch religiöse Schulen und Hospize für Ältere, Verwaiste oder Arme gründete sie. Nahe ihrem Heim in Plaka richtete sie ein Kloster ein (heute die Erzdiözese Athens), das sich der Elenden annahm. Unweigerlich wurde sie zu einem Hauptziel der Türken; im Oktober 1588 verhafteten und folterten sie sie in der Kirche Agios Andreas, fesselten sie an eine Säule und überließen sie dem Tod. Ihre Mitschwestern fanden sie und nahmen sie mit nach Hause, wo sie vier Monate später an ihren Verletzungen starb.

Adresse Adrianou 96, Plaka, Athen 10556, Tel. +30/210/3248861 | ÖPNV Metro bis Monastiraki (M 1 und M 3) | Öffnungszeiten Di–Do 10–13 Uhr, So 11–16 Uhr | Tipp Neben der Villa findet man The Loom, einen Laden voller prächtiger handgewebter Teppiche, Kissenbezüge und Bettwäsche in kunstvoll-traditionellen Stilen.

105 Das Vorres-Museum

Jedes Detail sitzt

Was hat eine 3.000 Jahre alte Badewanne mit einem Porzellanteller aus dem 19. Jahrhundert, einer byzantinischen Ikone, einem Bauernteppich, einem rustikalen Stuhl oder einem abstrakten Gemälde des 20. Jahrhunderts gemein? Antwort: Sie alle stehen sinnbildlich für die griechische Kultur, ob sie nun das Werk eines modernen Meisters oder das eines anonymen Handwerkers sind, und erwiesen sich als unwiderstehlich für den Journalisten Ion Vorres, als er 1962 an seinen Geburtsort zurückkehrte, nachdem er 18 Jahre in Kanada gelebt hatte.

Was er vorfand, betrübte ihn. Der Wiederaufbau nach dem Krieg ging planlos, ja destruktiv vor sich. Apartmentblocks schossen aus dem Boden, wo traditionelle Häuser gestanden hatten, hässliche Bequemlichkeit nahm den Platz von Antikem und Antiquitäten ein. Vorres beschloss zu retten, was zu retten war, und erwählte Paiania, ein fast aufgegebenes Dorf am Fuße des Hymettus, zu seinem Refugium.

Als seine Nachbarn beobachteten, wie er drei Häuser und zweieinhalb Hektar Land erwarb und sie mit bescheidenen, aber unschätzbaren Fundstücken ausstattete, hielten sie ihn für verrückt. Dann wandte er sich der modernen griechischen Kunst zu, die er mit Leidenschaft sammelte.

Vorres starb 2015 und hinterließ eine unvergleichliche Hommage an Griechenland, in der er Vergangenheit und Gegenwart harmonisch mit der Natur verschmelzen lässt. Auf einer weißen Terrasse gegenüber dem Eingang stehen Skulpturen. Viel von der modernen Sammlung – darunter alle Großen des Landes – befindet sich jedoch diskret unter der Erde. Eine Geheimtür führt in einen 200 Jahre alten Raum, verbindet das 20. Jahrhundert mit einer anderen Epoche – und mit dem von einer schönen Bruchsteinmauer umgebenen Hof voller Bäume, Blumen, antiker oder traditioneller Gegenstände wie Brunnenköpfe oder Ali-Baba-Krüge. Alles zusammen ergibt eine einzigartige Oase, ein Archiv der Besten Griechenlands. Jedes Detail sitzt.

Adresse Parodos Diadochos Konstantinou 1, Paiania 19002, Tel. +30/210/6642520, Tel. +30/210/6644771, www.vorresmuseum.gr | ÖPNV Metro bis Nomismatokopio (M 3), dann Bus 125 oder 308 bis Paiania, bei Agia Triada aussteigen, dann fünf Minuten zu Fuß; oder Metro bis Doukissis Plakentias (M 3) und Bus 307 bis Paiania, Agia Triada | Öffnungszeiten Sa, So 10–14 Uhr; unter der Woche nach Absprache | Tipp Paiania ist der Geburtsort von Demosthenes, jenem Stotterer, der es zum überzeugendsten Redner der Welt brachte.

106 Der Vouliagmeni-See

Heilquelle der Mysterien

Nymphen, die Taucher in den Tod locken, Doktorfische, die an der Haut knabbern, die größte Unterwasserhöhle der Welt und heilkräftige Thermalquellen, die seit 2.000 Jahren Leiden lindern – dies alles ist Teil der Wahrheit und Mythologie des Vouliagmeni-Sees. Der im Norden Athens am Fuße des Hymettus-Bergkamms und gegenüber dem Vouliagmeni-Strand gelegene See mit seinem brackigen Wasser soll wegen seines hohen Mineralgehalts (Kalzium, Kalium, Jod, Natrium und niedrige Strahlung) besonders bei Hautproblemen und gynäkologischen Beschwerden, Rheuma und Arthrose helfen.

Von der einstigen gigantischen Kaverne, die nach einem Erdbeben einstürzte, sind vier Höhlen übrig, die über die Jahrzehnte zwanzigmal von griechischen und anderen Taucherteams erforscht wurde, Experten wie Amateure. Man versuchte, eine Karte zu erstellen. Insgesamt acht Taucher kamen bei verschiedenen Erkundungstouren dieser Unterwelt ums Leben. Legenden besagen, dass sie von den Nymphen oder Feen des »Spuksees« in eine Falle gelockt wurden, während Experten darauf beharren, die Todesfälle seien auf mangelhafte Ausrüstung oder Erfahrung zurückzuführen. Um den See herum gibt es 14 Untergrundtunnel, darunter den größten der Welt, 800 Meter lang, 80 Meter tief und 50 bis 150 Meter breit.

Einst konnte man sich hier eintrittsfrei aufhalten, besonders die Älteren kamen gern her, um im warmen Wasser (23 bis 29 Grad Celsius) zu baden. Seit der Privatisierung bekommt man für die Eintrittsgebühr ein wenig mehr Glamour. Der smaragdgrüne See aus frischem Quell- und Meerwasser ist von Felswänden und üppigem Grün umgeben. Die Liegestühle, Sonnenschirme und das gehobene Bar-Restaurant locken die Besucher, hier Stunden zu verbringen, abwechselnd eine Runde zu schwimmen und dann wieder zu dösen. Einige kommen extra, um sich von *Garra rufa*, dem Doktorfisch, beknabbern zu lassen.

Adresse Vouliagmeni-See, Vouliagmeni 16671, Tel. +30/210/8962237, www.limnivouliagmenis.gr | **ÖPNV** Bus 122 ab Metrostation Elliniko, Bus 115, 116 oder 117 ab Glyfada | **Öffnungszeiten** täglich 8–17.30 Uhr | **Tipp** Wer sich zur belebten Küstenlinie von Astir aufmacht, besucht am besten gleich auch den Tempel des Apollon Zoster aus dem 6. vorchristlichen Jahrhundert hinter dem Strand.

107_The VR Project

Zum Greifen nah

In der griechischen Metropole kann man sich an jedem schwülen Sommer- oder stürmischen Wintertag aus der Kakofonie von Monastirakis Straßen in die unberührte, eisige Stille am Mount Everest, in ein Schiffswrack mit Walen, in einen sonnigen, aber angenehm kühlen Tempel der Antike oder gar neben Neil Armstrong von der Apollo 11 auf die staubige Mondoberfläche teleportieren lassen. All dies ohne Hitzschlag.

Wie? Indem man die ultramoderne Welt des »VR Project« ein paar Gehminuten vom lärmenden Monastiraki-Platz entfernt besucht. Mit einer der raffiniertesten, fortschrittlichsten Virtual-Reality-Technologien auf dem aktuellen globalen Markt (HTC-Vive-Kopfhörer) bietet es einen Ausflug aus dem Alltag, von dem viele Einheimische und Touristen nicht das Geringste ahnen.

Begeisterte Stammkunden frequentieren den minimalistischen Ort, der über einem Souflaki-Grill mit Glasräumen und riesigen Bildschirmen in einer alten Industrieanlage entstand, bereits. Hier soll man nach dem grauen Alltag unirdisch erscheinenden Frieden finden, sich in tiefes Blau mit grell fluoreszierenden Fischen versenken und lebensgroße 3-D-Bilder von leuchtenden Sternen und Regenbogen, in denen man stehen kann, genießen. Oder man erhöht den Adrenalinspiegel, indem man mit intergalaktischen Waffen auf Monster schießt, die es zum Glück nicht wirklich gibt, oder Zeitbomben deaktiviert.

Die Inhaber des VR Project, Yiannis Parcharidis and Loukas Katsikaris, kreieren über das VR Project Lab sogar ihre eigenen Apps. Sie arbeiten mit Archäologen zusammen, um Besucher an Ausgrabungsstätten wie den Tempel des Poseidon am Kap Sounion zu beamen, wo sich Säulen im Detail studieren lassen oder man an Grabungen teilnehmen kann. Bald wird man auch in aller vielfarbigen Glorie zu klassischen Stätten reisen und erleben können, wie sie einst tatsächlich aussahen. So real, dass der Stein zum Greifen nah erscheint.

Adresse Athinas 18, Monastiraki 10551, Tel. +30/210/3821832, www.thevrproject.gr | **ÖPNV** Metro bis Monastiraki (M 1 und M 3), dann fünf Minuten zu Fuß | **Öffnungszeiten** Di–Fr 16–22 Uhr, Sa 14–23 Uhr | **Tipp** Nur zwei Straßen von der Athinas und etwa fünf Gehminuten entfernt findet man in der Straße Agias Theklas den »poetischen Sandalenmacher« Melissinos, der für seine maßgeschneiderte, klassisch griechisch inspirierte Schuhmode berühmt ist. Diese trugen schon die Beatles, Jackie Onassis und Elizabeth Taylor.

108__Das Vryssaki

Kunstcafé mit Ausblick

Viele, die das gelassen rüberkommende Hausdach der Café-Bar Vryssaki besuchen, um sich an Häusern mit Keramikdächern, der Akropolis und der Stoa des Attalos sattzusehen, wissen nicht, dass sich hier auch ein dynamischer Entfaltungsraum für viele Künste befindet. Es handelt sich um die Vision des Rechtsanwalts George Neris, der in dem Haus neben dem Café aufwuchs.

Alles begann, als er Synthesis gründete, eine Firma, die 2012 das Athens Fringe Festival ins Leben rief. Als er Hunderte Künstler daran teilnehmen sah, die ihre Werke vorstellten, wurde Neris klar, dass das, was er in einem Monat organisierte, das ganze Jahr über laufen konnte, einschließlich größerer Vielfalt. Seine Leitlinie war, den konventionellen Top-down-Ansatz zu verwerfen und sich in der Horizontalen zu bewegen. Also machte er das Vryssaki zu einem Café und Multi-Space, wo Menschen ermutigt werden, ihre eigenen kleinen, selbst verwalteten Communitys zu schaffen. Über die letzen acht Jahre entwickelte sich der Ort zu einer florierenden Plattform für Bildungs-, Kunst- und sozialpolitische Initiativen. Die Programme rangieren vom populären Solidaritäts-Trainings-Workshop über gastronomische Kurse, Kunstausstellungen und Kulturtalks bis zu Tanz- und Theaterdarbietungen, Kinderaktivitäten und Kreativlaboren.

Neris hat über ArtFix UK ähnlich erfolgreiche Unternehmungen in London auf die Beine gestellt, um »einen Vorschlag zu machen, wie sich die Dinge in der Zukunft entwickeln könnten, in einer Welt, in der Flexibilität immer wichtiger wird«. Er ermuntert Besucher, ins Vryssaki zu gehen, mit den Leuten dort Ideen auszutauschen, neue Perspektiven und Wege, einander zu helfen, zu entdecken, am Helpdesk vorbeizugehen und zu erfahren, welche (oft kostenlosen) Events stattfinden und wie man seine kurz- oder langfristigen Projekte umsetzen könnte.

Oder man genießt einfach einen Kaffee in schöner Umgebung und familiärer Atmosphäre.

Adresse Vryssakiou 17, Plaka, Athen 10555, Tel. +30/210/3210179, www.artfix.gr | **ÖPNV** Metro to Monastiraki (M1 und M3); Bus 025, 026, 027, 035 oder 227 | **Öffnungszeiten** täglich 11–22 Uhr | **Tipp** Ein paar Straßen weiter stößt man auf das Elytis-Haus, wo Fotos, Möbel und das Arbeitszimmer zu sehen sind, in dem der Nationalpoet Odysseas Elytis seine mit dem Nobelpreis ausgezeichneten Bücher schrieb.

109_Der Wald der Iphigenia

Wildnis in Kifissia

Das riesige, 95 Hektar große Gebiet von meist unberührten Wäldern trennt die Gemeinden Maroussi und Kifissia und verdankt seine Existenz einer bemerkenswerten Frau: Iphigenia Syngrou. Als deren Gatte Andreas das Land um 1875 kaufte, war er nach König Georg I. der mächtigste Mann Griechenlands. Der Name des gewieften, aber oft skrupellosen Bankiers war in Skandale und Bankrotts verwickelt, was seinem Ruf als Finanzier und Politiker schadete. Als Wohltäter war er jedoch unübertroffen. Seine Stiftung baute Schulen, Krankenhäuser und Museen oder leistete Katastrophenhilfe.

Seine Frau Iphigenia unterstützte ihn und war auf ihre eigene Art ebenso wohltätig, besonders kümmerte sie sich um Kinder. Dennoch führte das Paar in seinem palastähnlichen Landhaus auf dem Grundstück ein glamouröses Gesellschaftsleben. Mit seinen Dachzinnen mutet das Haus alles andere als griechisch an. Besonders abnorm wirkt die ockerfarbene Kirche daneben, die einzige orthodoxe Kirche Griechenlands mit Kirchturm (entworfen von Ernst Ziller).

Als Syngrou starb, hinterließ er seiner Frau seinen ganzen Besitz. Diese wiederum vermachte ihre Habe 1920 der Hellenischen Landwirtschaftlichen Gesellschaft (heute Institut für Agrikultur) unter der Bedingung, dass das Land zur »Ausbildung von guten Bauern und Gärtnern« verwendet würde. Dies bewahrte das Anwesen vor dem Zugriff der Immobilienhaie. Es gibt hier Sporteinrichtungen und eine Imkerei, zudem kann man sich in diesem natürlichen Urwald mittlerweile verlieren. Nur der ferne Verkehrslärm verrät die Stadt.

Das Institut veranstaltet Seminare und unterhält ein Imkerei-Museum sowie eine Kakteensammlung, aber die meisten Besucher möchten nur auf den endlosen Latifundien den Hund ausführen, joggen, Fahrrad fahren und nach Vögeln, Blumen, Füchsen oder mäandrierenden Geheimwegen Ausschau halten. Ehrenamtler sorgen für Ordnung und betreiben im Sommer eine Feuerwache. Dann ist es in Kifissa viel kühler als im Zentrum.

Adresse zwischen Maroussi und Kifissia, Kifissias 182, Maroussi 15124, Tel. +30/210/8011146 | ÖPNV Bus 550, A 7 oder B 7; drei Eingänge in der Kifissias Avenue | Öffnungszeiten Sonnenauf- bis -untergang; das Institut ist der Öffentlichkeit nicht zugänglich | Tipp Die Anavryta-Schule auf dem Grundstück wurde 1949 auf Geheiß von Königin Friederike gegründet, um den Kronprinzen Konstantin auszubilden. Das damalige Elite-Internat, eine Art griechisches Gordonstoun, ging den Weg der Monarchie und ist heute ein staatliches Gymnasium.

110 Das Weingut Kokotos

Geschenk des Dionysos

Es begann 1975, als George und Anne Kokotos eine vier Hektar große Lichtung in einem Wald an den Nordhängen des Berges Pendeli im Bezirk Dionysos (benannt nach dem Weingott) erwarben. George und Anne, beide mit Wein aufgewachsen, er auf Kreta, sie exotischerweise in England, folgten der nostalgischen Vision, ihren eigenen Tropfen herzustellen.

Als sie 1980 ihre ersten Reben pflanzten, lag die griechische Weinrevolution noch in der Zukunft. Die Menschen tranken meist Retsina und füllten ihre Korbflaschen aus Fässern in Schwarzhändlerkellern – ohne Qualitätskontrollen. Flaschenwein war die Ausnahme. Mit dem Eintritt in die EEC (die heutige EU) folgte ein Wirtschaftsboom, Subventionen, Kurse in Önologie, neue Anbau- und Gärmethoden – die griechische Weinindustrie boomte. Die ersten Rebsorten, die hier und andernorts angebaut wurden, waren tendenziell international – Chardonnay, Cabernet Sauvignon, Merlot – und prestigeträchtiger als die Savatiano-Traube, die man für den Retsina verwendete. Mit der Zeit jedoch entdeckte man die einheimischen Sorten neu, manche ernteten frenetisches Kritikerlob.

Seither haben George und Anne ihre Auswahl an Bio-Trauben erweitert, die vor der Abfüllung alle in ihren modernen Anlagen gepresst werden und in Eichen- und Akazienfässern reifen. Da dies ihr Wohnsitz ist, wirken die Führungen persönlicher als in Massenbetrieben.

Zwei katastrophale Brände, 1990 und 2009, vernichteten den umgebenden Wald, sparten aber wundersamerweise das Grundstück aus. Heute kann man sieben Weine probieren – mit 360-Grad-Panoramablick auf die Berge von Attika und die Ägäis weiter unten.

Nicht nur Dionysos, sondern auch der heilige Georg hat einen besonderen Bezug zum Wein: Der Drachentöter hat zwei Ehrentage, einen im April und einen am 3. November. Dann öffnen die Winzer traditionell ihre Fässer, um den neuen Wein zu kosten. So erhielt er den Beinamen »Trunkenmacher«; hier gibt es eine Georg gewidmete Kapelle, in der die Abgefüllten Trost finden.

Adresse Stamata, Attika 14575, Tel. +30/210/8145113, +30/6946/068010, +30/6948/509580, www.ktimakokotou.gr | **ÖPNV** Bus 509 bis Stamata-Platz (Abholung durch das Weingut); Zug ab Larissa bis Agios Stephanos und Taxi | **Öffnungszeiten** jeden ersten Sonntag im Monat Tag der offenen Tür, 11–16 Uhr; Führungen nur nach Verabredung | **Tipp** Sehenswert ist auch der Bio-Gemüsegarten von Tochter Natalie nebenan, heute ein üppig gedeihendes Stück Land mit Kaninchen, Hühnern und zwei Ponys.

111 Das Widerstands-Museum

Die hier geblutet haben

Die baumbeschatteten Häuschen am hinteren Ende des Eleftherias-Parks wirken ungewöhnlich idyllisch, sobald man sich klarmacht, was in diesen malerischen Häuschen passiert ist, aber auch verstörend zentral. Bei dem Komplex (einst Infanteriebaracken) handelt es sich um das ehemalige Gefangenenlager der griechischen Militärpolizei ESA und ihrer berüchtigten Spezialabteilung EAT, wo Anti-Junta-Aktivisten verhört wurden – meist unter Folter. Das Museum ist ein beinahe obskures Denkmal dieser Epoche und ihrer Nachwirkungen, *metapolitefsi* genannt, die weniger ausgeprägte, wenn auch vielleicht tiefere Spuren im Land hinterlassen hat als der Bürgerkrieg nach der Befreiung von den Nazis.

Des Sturzes der siebenjährigen Militärdiktatur, die am 21. April 1967 mit einem Coup ultranationalistischer Offiziere begann, wird in einem jährlichen Gedenkmarsch vom Polytechnikum zur amerikanischen Botschaft am Eleftherias-Park gedacht. Dem Zusammenbruch der Diktatur im Juli 1974 ging eine Studentenrevolte voraus; es war jedoch der Widerstand von in der EAT-ESA gefolterten Individuen oder Gruppen, der die Dissidenten auf die Barrikaden brachte. Alekos Panagoulis brachte es gar zu internationalem Ruhm. Die meisten jedoch schwanden schnell aus dem kollektiven Gedächtnis, was sich markant an einigen Exponaten zeigt – ein Foto, ein Brief. Bis auf diese Stücke ist das Innere im Urzustand belassen worden.

Die abblätternde Farbe und die verrosteten Fenstergitter machen die Geschichten der hier Eingekerkerten und Gepeinigten unangenehm real. Das steigert sich noch, wenn Mitglieder der Widerstandsvereinigung, die das Museum unterhält, ihre Erlebnisse nachspielen. Die Erinnerung schmerzt noch heute; für diejenigen, die hier geblutet haben, wäre jedoch das Vergessen noch unerträglicher. Diese Botschaft unterstreicht auch die Entscheidung der deutschen Organisateure, die documenta 14 hier zu eröffnen.

Adresse Parko Eleftherias, Athen 11521, Tel. +30/210/7258258 | ÖPNV Metro bis Megaro Moussikis (M3); Bus 3, 10, 22, 60, 550 oder A5 | Öffnungszeiten unregelmäßig, aber man passt sich den Besuchern an, am besten vorher telefonisch anmelden | Tipp Eine kleine Gruppe von Steingebäuden mit Walmdächern am hinteren Ende des Parks, die an die Straße Deinokratous grenzen, beherbergte 1904 das erste Militärhospital Griechenlands. Derzeit werden sie restauriert und in eine Bibliothek mit Kulturzentrum umgewandelt.

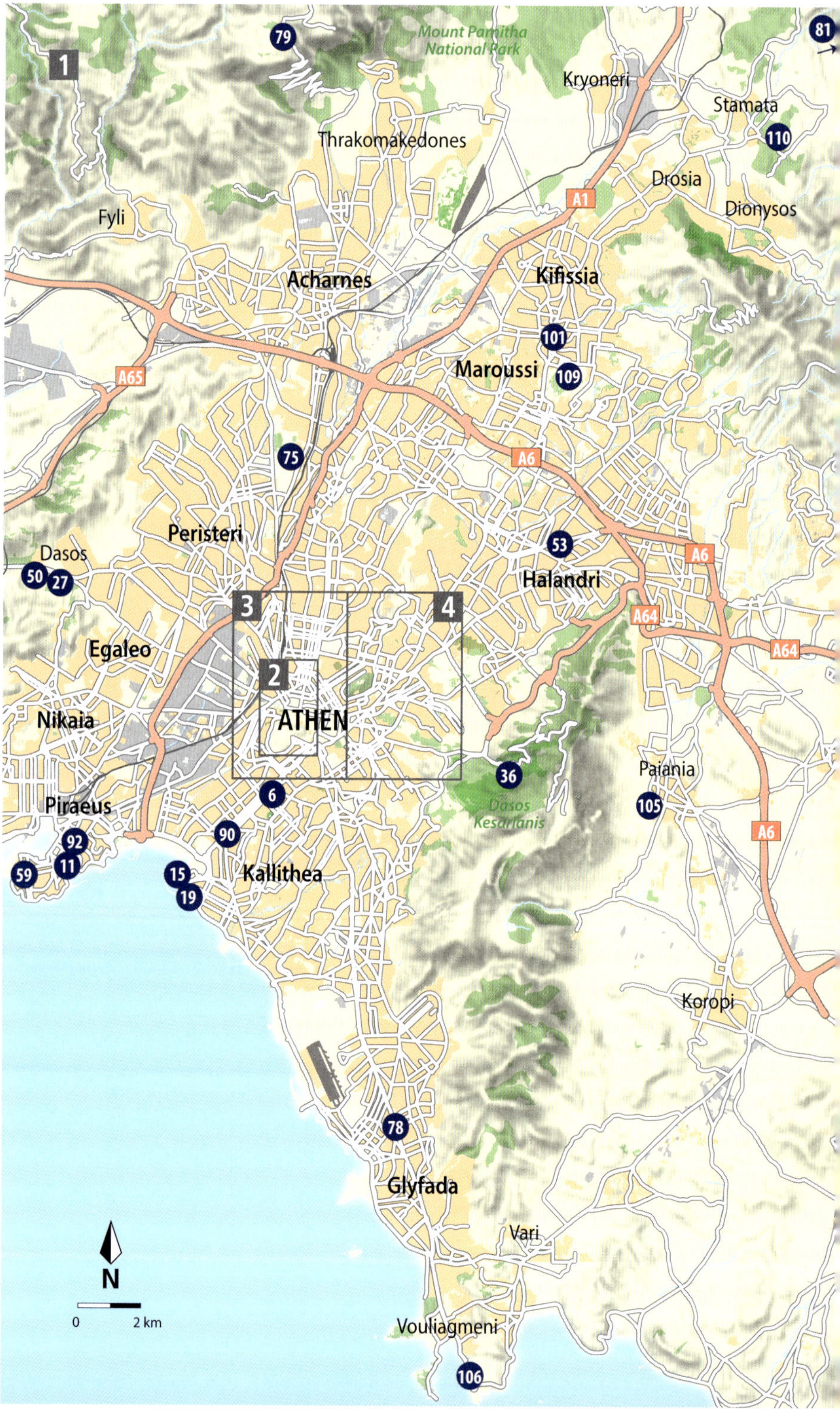

1
Mount Parnitha National Park
79
81
Kryoneri
Stamata
110
Thrakomakedones
Drosia
A1
Dionysos
Fyli
Acharnes
Kifissia
101
Maroussi
109
A65
75
A6
Peristeri
53
Dasos
50
27
Halandri
3
4
A6
A64
A64
Egaleo
2
ATHEN
Nikaia
36
Paiania
6
Dasos Kesarianis
105
Piraeus
A6
92
90
11
59
15
Kallithea
19
Koropi
78
Glyfada
Vari
N
0
2 km
Vouliagmeni
106

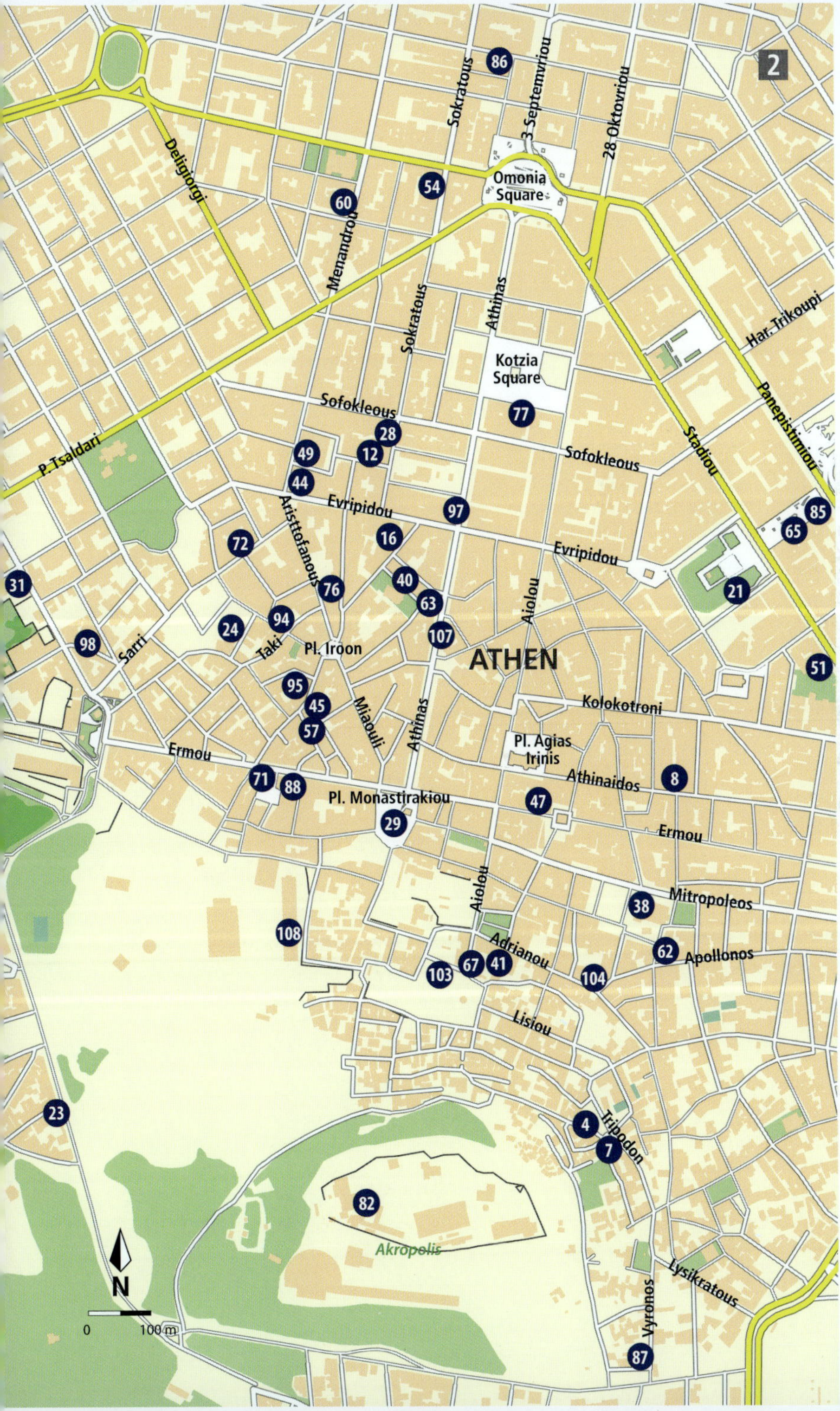
2
86
Sokratous
3 Septemvriou
28 Oktovriou
Deligiorgi
54
Omonia Square
60
Menandrou
Athinas
Sokratous
Kotzia Square
Har. Trikoupi
Panepistimiou
77
Sofokleous
28
49
12
P. Tsaldari
Sofokleous
Stadiou
44
Evripidou
97
Aristtofanous
85
65
72
16
Evripidou
31
40
76
21
63
Aiolou
94
24
107
98
Sarri
Taki
Pl. Iroon
ATHEN
51
95
45
Miaouli
Kolokotroni
57
Athinas
Pl. Agias Irinis
Ermou
71
88
Athinaidos
8
Pl. Monastirakiou
47
29
Ermou
Aiolou
Mitropoleos
38
108
Adrianou
62
Apollonos
67
41
103
104
Lisiou
Tripodon
4
7
23
82
Akropolis
Lysikratous
N
0
100 m
Vyronos
87

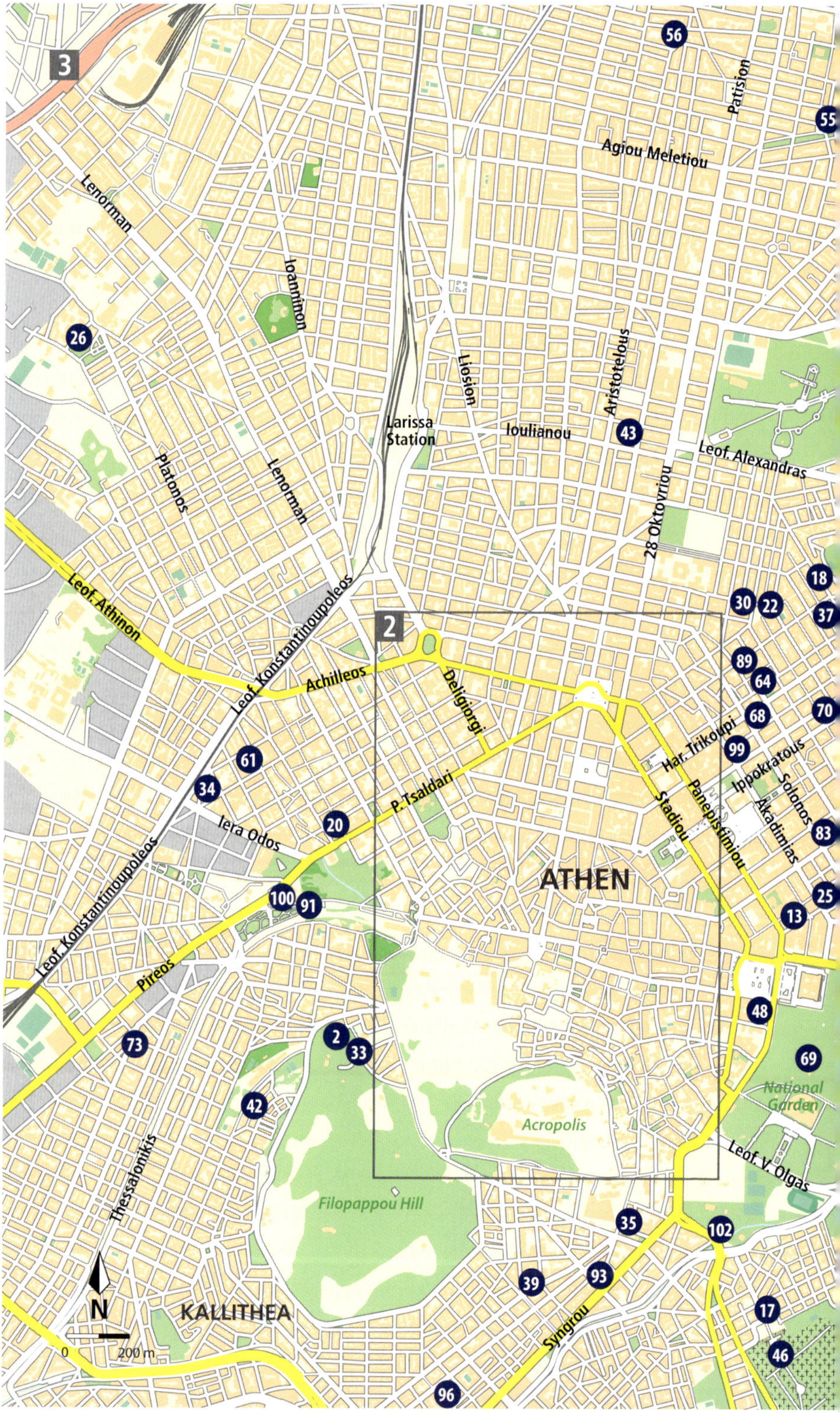
3
2
Lenorman
Ioanninon
Agiou Meletiou
Patision
Larissa
Station
Liosion
Ioulianou
Aristotelous
Leof. Alexandras
28 Oktovriou
Platonos
Lenorman
Leof. Athinon
Leof. Konstantinoupoleos
Achilleos
Deligiorgi
Har. Trikoupi
Ippokratous
Solonos
Akadimias
Panepistimiou
Stadiou
P. Tsaldari
Iera Odos
ATHEN
Leof. Konstantinoupoleos
Pireos
Acropolis
National
Garden
Leof. V. Olgas
Filopappou Hill
Thessalonikis
KALLITHEA
Syngrou
N
0
200 m
56
55
26
43
18
30
22
37
89
64
70
68
99
61
34
20
83
25
13
100
91
48
73
2
33
69
42
35
102
39
93
17
46
96

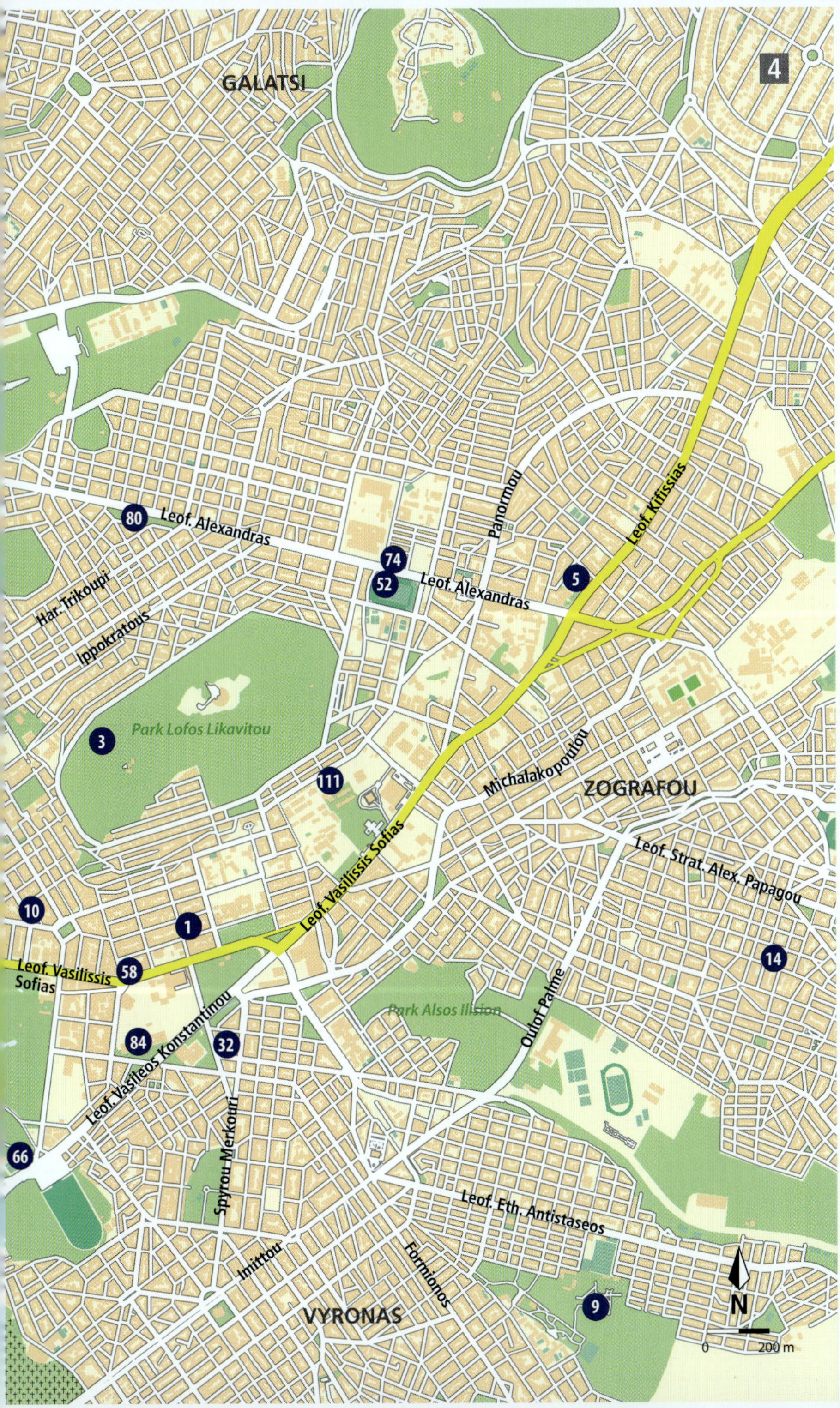
4
GALATSI
80
Leof. Alexandras
74
52
Leof. Alexandras
Panormou
5
Leof. Kifissias
Har. Trikoupi
Ippokratous
3
Park Lofos Likavitou
111
Michalakopoulou
ZOGRAFOU
Leof. Strat. Alex. Papagou
10
1
Leof. Vasilissis Sofias
Leof. Vasilissis Sofias
58
14
Park Alsos Ilision
Oulof Palme
84
32
Leof. Vasileos Konstantinou
Spyrou Merkouri
66
Leof. Eth. Antistaseos
Imittou
Formionos
9
N
VYRONAS
0
200 m

Cornelia Ziegler,
Chris Sindermann
111 Orte auf Kreta, die man gesehen haben muss
ISBN 978-3-95451-540-0

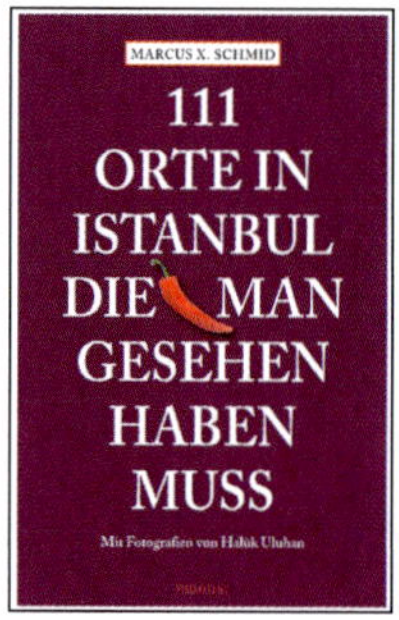

Halûk Uluhan, Marcus X. Schmid
111 Orte in Istanbul, die man gesehen haben muss
ISBN 978-3-95451-333-8

Ranka Keser
111 Orte in Kroatien, die man gesehen haben muss
ISBN 978-3-7408-0557-9

Dorothee Fleischmann,
Carolina Kalvelage
111 Orte in Budapest, die man gesehen haben muss
ISBN 978-3-95451-744-2

Andrea Livnat,
Angelika Baumgartner
111 Orte in Tel Aviv, die man gesehen haben muss
ISBN 978-3-95451-703-9

Laszlo Trankovits
111 Orte in Jerusalem, die man gesehen haben muss
ISBN 978-3-7408-0390-2

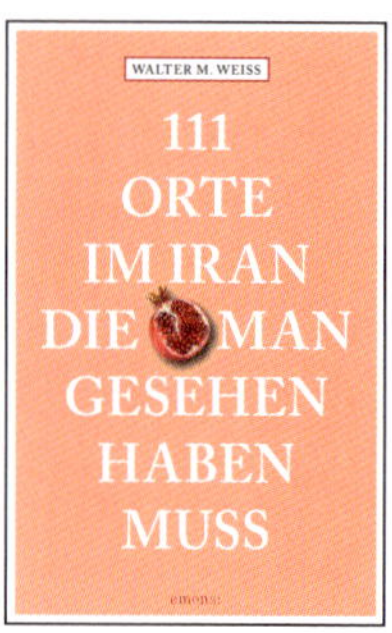

Walter M. Weiss
111 Orte im Iran, die man gesehen haben muss
ISBN 978-3-7408-0402-2

Matěj Černý, Marie Peřinová
111 Orte in Prag, die man gesehen haben muss
ISBN 978-3-95451-927-9

Karl Haimel, Peter Eickhoff
111 Orte in Wien, die man gesehen haben muss
ISBN 978-3-89705-969-6

Stefan Spath
111 Orte in Salzburg, die man gesehen haben muss
ISBN 978-3-95451-114-3

Tarja Prüss, Juha Metso
111 Orte in Helsinki, die man gesehen haben muss
ISBN 978-3-7408-0342-1

Christiane Bröcker, Babette Schröder
111 Orte in Stockholm, die man gesehen haben muss
ISBN 978-3-95451-203-4

Jan Gralle, Vibe Skytte, Kurt Rodahl Hoppe
111 Orte in Kopenhagen, die man gesehen haben muss
ISBN 978-3-7408-0243-1

Lucia Jay von Seldeneck, Verena Eidel, Carolin Huder
111 Orte in Berlin, die man gesehen haben muss
ISBN 978-3-89705-853-8

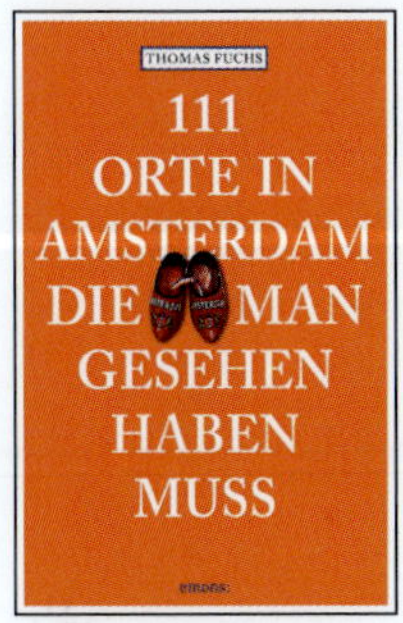

Thomas Fuchs
111 Orte in Amsterdam, die man gesehen haben muss
ISBN 978-3-95451-209-6

Kay Walter, Rüdiger Liedtke
111 Orte in Brüssel, die man gesehen haben muss
ISBN 978-3-7408-0128-1

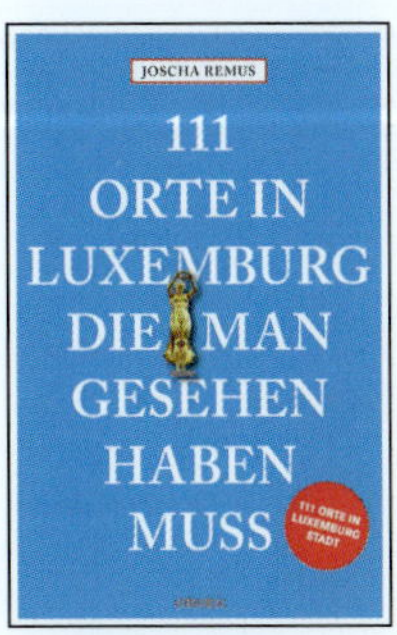

Joscha Remus
111 Orte in Luxemburg (Stadt), die man gesehen haben muss
ISBN 978-3-7408-0363-6

Cornelia Lohs
111 Orte in Bern, die man gesehen haben muss
ISBN 978-3-95451-669-8

Sybil Canac, Renée Grimaud, Katia Thomas
111 Orte in Paris, die man gesehen haben muss
ISBN 978-3-95451-847-0

John Sykes, Birgit Weber
111 Orte in London, die man gesehen haben muss
ISBN 978-3-95451-117-4

Dirk Engelhardt
111 Orte in Barcelona, die man gesehen haben muss
ISBN 978-3-95451-066-5

Kathleen Becker
111 Orte in Lissabon, die man gesehen haben muss
ISBN 978-3-7408-0244-8

Annett Klingner
111 Orte in Rom, die man gesehen haben muss
ISBN 978-3-95451-219-5

Gerd Wolfgang Sievers
111 Orte in Venedig, die man gesehen haben muss
ISBN 978-3-95451-352-9

Lust auf mehr? Laden Sie sich die »LChoice«-App runter, scannen Sie den QR-Code und bestellen Sie weitere Bücher direkt in Ihrer Buchhandlung.

LChoice

Hier bestellen

Danksagung

Viele Freunde haben Vorschläge gemacht, die uns bei der Auswahl dieser 111 Orte geholfen haben. Besonders danken wir: Isabella Curtis, Aristotelis Dimitsas, Giorgos Giorgopoulos, Vasilis Haralambidis, Nota Hatzopoulou, Brady Kiesling, Anne Kokotos, Petros Ladas, Eleni Marneri, Mina Mitsobonou, George Neris, Vivienne Nilan, Foivos Oikonomides, Rosie Randolph, Silvi Rigopoulou, Alexander Seferiades, Christa Vayannos und Sarah Yu.

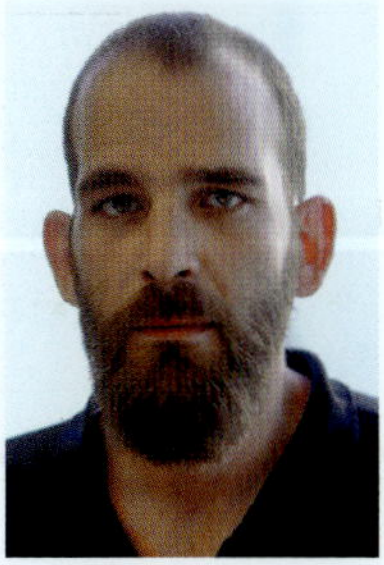

Der Fotograf

Yannis Varouhakis wurde 1979 in Athen geboren und ist seit 2001 professioneller Fotograf. Er arbeitete mit verschiedenen Magazinen und Zeitungen wie »Kathimerini«, »Gynaika«, »Pontiki« und anderen zusammen, machte Porträts und Landschaftsaufnahmen in Griechenland und im Ausland. Er war auch fürs Theater und als Kunstfotograf sowie im Bereich Tanz, Konzerte, Filmproduktionen und Shows als Fotograf tätig.

Die Autorinnen

Seit über 20 Jahren schreibt **Alexia Amvrazi** für globale Medien über Griechenland und textet für Markenentwickler. Regelmäßig schreibt sie für »The Wall Street Journal Europe« und für Greecetravel.com und betreibt derzeit die populäre Wellness-Website imverywellthankyou.com. Neben dem Schreiben moderierte sie zehn Jahre lang eine Sendung im nationalen Radio, arbeitet als Synchronsprecherin und Videoreporterin.

Diana Farr Louis lebt seit 1972 in Athen. Die Reiseliteratur aus ihrer Feder umfasst »Secrets of the Greek Islands, Athens and Beyond« und »Travels in Northern Greece«. Neben zahlreichen Artikeln über Kulinarisches in griechischen und internationalen Publikationen ist sie Autorin von Kochbüchern über die Ionischen Inseln und Kreta, Mitherausgeberin von »A Taste of Greece« und schreibt regelmäßig Beiträge für www.culinarybackstreets.com.

Diane Shugart ist die Autorin von »Athens by Neighborhood« und war Herausgeberin von »Odyssey«, einem US-amerikanischen Magazin über Griechenland. Sie schreibt über griechische Politik und Kultur, arbeitete an mehreren Reiseführern als beratende Herausgeberin mit und übersetzt akademische Non-Fiction. Jüngst vollendete sie im Rahmen des Graduiertenstudiums einen Kurs über Antiquitätenhandel und recherchiert aktuell zu einem Buch über kulturelles Erbe und den Bürgerkrieg.